La religion du
Canadien de Montréal

OUVRAGES D'OLIVIER BAUER

Bauer, O., *Le jeu de Dieu et de Jonas. Grille de lecture pour un livre déroutant*, Aubonne, Éditions du Moulin, 1996, 84 p.

Bauer, O., *Le protestantisme à table. Les plaisirs de la foi*, Genève, Labor et Fides, 2000, 123 p.

Mottu, H. et O. Bauer (dir.), *Le culte protestant*, Lausanne, Institut romand de pastorale, 2001, 132 p.

Bauer, O., *Petit lexique du parler local*, Papeete, Au vent des îles (19991), 2001, 159 p.

Bauer, O. et F. Moser (dir.), *Les Églises au risque de la visibilité*, Lausanne, Institut romand de pastorale, 2002, 166 p.

Bauer, O., *Les rites protestants en Polynésie française. « Quand faire, c'est dire! »*, Paris, L'Harmattan, 2003, 288 p.

Bauer, O., *Le protestantisme et ses cultes désertés. Lettres à Maurice qui rêve malgré tout d'y participer*, Genève, Labor et Fides, 2008, 104 p.

Sous la direction d'Olivier Bauer
et de Jean-Marc Barreau

La religion du
Canadien de Montréal

FIDES

Catalogage avant publication de Bibliothèque et Archives nationales du Québec et Bibliothèque et Archives Canada

Vedette principale au titre :

La religion du Canadien de Montréal

ISBN 978-2-7621-2957-1

1. Canadiens de Montréal (Équipe de hockey). 2. Québec (Province) - Religion - 20ᵉ siècle. 3. Québec (Province) - Vie religieuse. I. Bauer, Olivier. II. Barreau, Jean-Marc.

GV848.M6R44 2009   796.962'640971428   C2008-942623-1

Dépôt légal : 1ᵉʳ trimestre 2009
Bibliothèque et Archives nationales du Québec
© Éditions Fides, 2009

Les Éditions Fides reconnaissent l'aide financière du Gouvernement du Canada par l'entremise du Programme d'aide au développement de l'industrie de l'édition (PADIÉ) pour leurs activités d'édition. Les Éditions Fides remercient de leur soutien financier le Conseil des Arts du Canada et la Société de développement des entreprises culturelles du Québec (SODEC). Les Éditions Fides bénéficient du Programme de crédit d'impôt pour l'édition de livres du Gouvernement du Québec, géré par la SODEC.

IMPRIMÉ AU CANADA EN JANVIER 2009

Introduction

Olivier Bauer

Faculté de théologie et de sciences des religions,
Université de Montréal

Cent ans après sa fondation, quels parallèles peut-on dresser entre le Canadien de Montréal et la situation religieuse du Québec ? Se pourrait-il qu'analyser les Glorieux – son surnom français – ou les *Habs* – son surnom anglais – comme une religion aide à mieux comprendre leur pouvoir d'attraction ? Et par la bande – ou par la baie vitrée –, se pourrait-il qu'une telle question permette de mieux comprendre la place et le rôle de la religion au Québec ? Même si c'est avec modestie, et sans être inquiets pour l'avenir du Canadien – nous le sommes un peu plus pour celui de la religion –, nous avons conscience de nous attaquer aux deux plus grandes institutions québécoises – la poutine exceptée.

En vérité, nous n'avons pas l'ambition de convertir les athées ni de faire apostasier les croyants – sur quelque objet que porte leur foi ou leur incrédulité : Canadien ou religion. Nous espérons simplement vous convaincre, précieux lecteur ou précieuse lectrice, qu'au Québec, le Canadien est bel et bien une religion – avec toutes les nuances qu'une telle notion implique –, qu'il en présente en tous les cas de nombreuses caractéristiques : des dogmes et des rites, des saints et des prêtres, des reliques et une éthique... Et si, incrédule comme Thomas, il vous faut voir

pour croire, prenez déjà connaissance, comme une catéchèse expresse, de ces deux textes et de ces trois images,
extraites de la presse québécoise.

Les textes d'abord...

Quand dans *La Presse*, Réjean Tremblay écrit : « [Le CH]
c'est juste une équipe de hockey. C'est juste une business
de divertissement. Dieu s'appelle Allah, Yahvé ou Guy-A.,
et ses prophètes se nomment Jésus, Mahomet ou Raël ; et
aux dernières nouvelles, Monsieur Bob ne faisait pas
encore partie de ce cercle restreint. [...] Les Fous du CH
devraient laisser les croisades et l'Inquisition aux fous de
Dieu[1] », Pierre Foglia se sent obligé de remettre l'église au
milieu du village ; il lui réplique presque immédiatement :
« Dans nos pays impies, le sport est la dernière Église où
l'on communie en masse, où l'on se rassemble – en esprit
du moins – pour rêver, pour exulter ensemble, pour se
projeter dans une équipe. Si c'est pas là de la foi[2] ! »

Et cette conviction pourrait être plus qu'une simple
coquetterie de journalistes à la recherche d'un bon mot.
En effet, à la veille d'entreprendre les séries de la coupe
Stanley, en avril 2008, Brian Smolinski, le joueur de centre
du Canadien, déclarait, en anglais mais sans ambiguïté :
« *Religion is in the air*[3]... » Y croyait-il vraiment ? Il avait
en tout cas bien saisi l'état d'esprit d'une ville de Montréal
qui attendait les séries comme d'autres le Messie. Montréal
n'avait plus à ce moment-là mille clochers, mais un seul
temple, le Centre Bell !

---

1. R. TREMBLAY, « Le CH est une vraie religion et Gainey est son prophète », *La Presse*, 27 mars 2007, Sports, p. 2.
2. P. FOGLIA, « La dernière église », *La Presse*, 12 avril 2007, Actualités,
p. 5.
3. D. STUBBS, « Honk if you love the Habs », *The Gazette*, 10 avril 2008,
Sports, p. 1-2

Les images ensuite, qui se passent de commentaire...

Cette photo a déjà été utilisée – à juste titre – pour illustrer un article de S. Richard intitulé «Où en est rendue notre religion?», à l'intérieur de la revue *Hockey. Le Magazine*, en novembre 2007. © Stan Honda/Staff/AFP/Getty Images

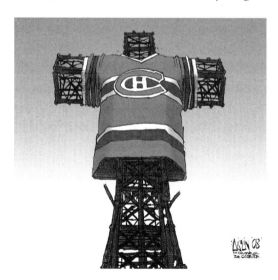

Osons maintenant poser la vraie question : le culte de la *Sainte Flanelle*, la présence d'un *Démon blond* et d'un *Saint Patrick* dans le *Temple* de la renommée, les *fantômes* du Forum qui portent secours au Canadien dans les moments décisifs, un *Jesus* Price qui se révèle comme un *sauveur* quand il n'est pas *crucifié* devant son filet, les commentaires du *prophète* Ron Fournier ou le fait qu'ils « les » aient parfois *dans l'eau bénite* suffisent-ils à faire du Canadien de Montréal une religion ? Ou faudrait-il être plus nuancé et dire par exemple qu'il est « comme une religion » ou que l'on « en parle comme d'une religion » ou que certains – plus que certaines – en « font une religion » ? Mais les questions s'appellent et s'enchaînent : quelle fonction remplit la métaphore ? Est-elle purement descriptive ? Permet-elle simplement de mieux saisir une réalité à l'aide d'une autre réalité, sans qu'elles soient jamais confondues ? Est-elle idéologique ? Sert-elle à dissimuler, sous un idéal religieux et symbolique, la cruelle réalité économique et sociale du sport d'élite ?

Depuis les Jeux dédiés aux dieux de l'Olympe, jusqu'au refus du *All England Lawn Tennis and Croquet Club* de faire disputer des matches le dimanche, jour du Seigneur, sur le gazon londonien – sauf la finale du tournoi masculin, les marchands du temple savent souvent trouver des arguments convaincants ! –, on sait le rapport étroit entre le sport et la religion. La métaphore du sport comme religion n'est donc pas originale, à peine iconoclaste. Mais c'est son application au cas particulier du Canadien de Montréal qui nous paraît pertinente, digne d'une recherche intelligente, approfondie, passionnée et sans doute polémique. Qu'en est-il de l'aspect potentiellement religieux d'un sport typiquement nord-américain qui, match après match, ne se conçoit pas sans un vainqueur et un vaincu, mais qui, au bout d'une saison, ne sanctionne jamais les défaites par une relégation ? Qu'en est-il de l'aspect hypothétiquement religieux du hockey sur glace, qui prétend organiser la violence pour mieux juguler la brutalité ? Qu'en est-il de l'aspect religieux du Canadien de Montréal, dans un Québec que d'aucuns prétendent catholique mur à mur, mais qui se colore depuis longtemps de teintes juives et protestantes, qui se sécularise tranquillement et s'accommode enfin d'être multireligieux ? C'est à ces questions et à d'autres encore, communes à tous les auteurs ou portées par l'une ou l'autre d'entre eux, que ce livre tente de répondre.

Les éditeurs ne se seraient pas lancés dans une telle entreprise s'ils ne partageaient pas une double passion pour le sport et pour la religion, ainsi que de l'expérience dans les deux domaines. Jean-Marc Barreau et Olivier Bauer sont tous deux théologiens. Ils ont tous deux exercé des responsabilités pastorales, le premier dans l'Église catholique, le second dans des Églises protestantes. Ils ont tous deux pratiqué le sport de compétition de manière intensive, à un niveau honorable : judo et basket-ball pour l'un, hockey et soccer pour l'autre. Mais, parce qu'ils sont tous deux européens – membres d'une minorité non pas visible, mais audible – parce qu'ils savent la complexité du sujet, ils n'ont pas voulu se lancer seuls sur la glace. Comme les équipes de la Ligue nationale de hockey, ils ont repêché les meilleurs joueurs et, moins machistes que les Souverains Pontifes du hockey, la meilleure joueuse, pour former la meilleure équipe multidisciplinaire possible. Soyez rassurés, tous sont des choix de première ronde ! Outre les deux éditeurs, les théologiens Jean-Marc Barreau et Olivier Bauer, elle se compose, par ordre alphabétique, de la théologienne Denise Couture, du spécialiste de la communication André-A.

Lafrance, du profeseur de littérature Benoît Melançon et du théologien Alain Pronkin. Tous sont étudiants ou professeurs à l'Université de Montréal.

Le résultat final, c'est le livre que vous avez entre les mains, un collectif traversé par une triple problématique commune : le Canadien est-il une religion ? Si oui, en quoi est-il une religion ? Et quel type de religion est-il ? Mais les entraîneurs n'ont pas voulu imposer des schémas de jeu par trop stéréotypés. Ils ont souhaité que chaque joueur soit libre d'exercer sa créativité, de jouer à la manière qui lui convenait. Ils ont donc laissé aux auteurs une grande marge de manœuvre sur le choix de leur approche, le sens à donner au concept de « religion », même aux aspects du Canadien de Montréal qu'ils voulaient évoquer. Ils les ont encouragés à développer leur pensée et, surtout, ils leur ont demandé d'apporter leurs propres réponses aux questions de départ.

Le livre n'est donc pas « une mécanique bien huilée », une machine à gagner – à la manière de la mythique *Sbornaja,* qu'elle soit soviétique ou russe – où chacun appliquerait, de manière stricte et répétitive, les conceptions des entraîneurs. Il n'en est que meilleur, comme vous allez pouvoir en juger !

◆ Le livre s'ouvre – mais ce n'est pas une obligation de commencer par le début – par un témoignage d'André-A. Lafrance. Il y raconte comment son père l'a initié à la religion du Canadien, pourquoi il a cessé d'y croire et comment son fils lui a fait retrouver une nouvelle foi. Au travers de son texte, l'auteur rappelle une vérité qui devient évidente sitôt qu'on la lit : pour la plupart d'entre nous, l'expérience du Canadien ne se fait jamais en direct, mais elle passe par la médiatisation de la télévision.

- Dans un long texte, Olivier Bauer rappelle que sport et religion forment un vieux couple, célébré et observé au moins depuis les Jeux d'Olympie. Il s'attache à définir le concept de « religion ». Cherchant à donner de la consistance et de la précision à l'affirmation de la religion du Canadien, il présente divers types de religions – instituée ou populaire, civile et implicite, quasi-religion – et indique quatre possibilités d'articulation du sport et de la religion – inclusiviste, syncrétiste, dimorphique et exclusiviste.

- Jean-Marc Barreau fait apparaître la spécificité du Canadien – un sport qu'il prend soin de démarquer de l'*homo Sportivus* et du modèle olympique – pour imaginer le rôle qu'il pourrait jouer dans le Québec actuel. Le théologien émet le souhait – un peu fou ! – que le Canadien, personnifié par son directeur général Bob Gainey, puisse réconcilier les Québécois avec leurs religions, et que celles-ci puissent, inspirées par l'exemple du Canadien, par sa passion, par l'amour du corps qu'il promeut, se transfigurer et réinventer leurs propres traditions.

- Benoît Melançon nous fait remonter le temps lorsqu'il évoque, avec minutie, en détail et preuve à l'appui, un mythe de l'histoire du Canadien. Il explique comment Maurice Richard a été en quelque sorte divinisé, comment les objets lui ayant appartenu sont devenus de véritables reliques, comment on leur – et lui – a même accordé des pouvoirs miraculeux. Il souligne la manière, quelque peu intrigante, dont l'Église catholique a sanctifié The Rocket à titre posthume, et comment elle a profité de son aura.

- Alain Pronkin aborde la question de la religion du Canadien par un biais original : le versant de la charité.

Car le Canadien de Montréal, voulant faire le bien – ou faire du bien –, s'est doté d'un outil *ad hoc :* la Fondation du Canadien. Le théologien détaille la fonction religieuse que remplit cette fondation. Il formule une double hypothèse stimulante : la Fondation ferait du Canadien une religion parce qu'elle lui permettrait de remplir une fonction traditionnellement dévolue aux institutions religieuses et parce qu'elle permettrait aux croyants – chrétiens, juifs ou musulmans – de réaliser ce que Dieu leur demande : aider les plus démunis.

- Enfin, l'ouvrage se referme, sans bien évidemment clore la réflexion, par un « commentaire d'après match » de Denise Couture qui relit et qui relie (*relegere* et *religare*, la religion n'est pas si loin…) les différentes contributions sous l'angle du rapport entre les hommes et les femmes. Elle conteste l'idée reçue que le Canadien et plus largement le hockey ne seraient finalement qu'une affaire d'hommes – ce ne serait donc pas l'ostracisme frappant les femmes qui en ferait une religion. Dans une approche féministe, elle met en évidence ce que le sport et la religion révèlent des rapports sociaux en général et du statut des femmes en particulier. Elle suggère enfin qu'accorder plus de place aux femmes dans le monde du hockey, ou reconnaître le rôle qu'elles y jouent, permettrait de rendre au sport la magie du jeu.

- Le livre présente aussi les témoignages de Réjean Houle qui dit comment il a vécu sa double appartenance à l'Église catholique et au Canadien, de Mike Boone, journaliste à *The Gazette* qui regrette que le Canadien soit venu troubler les célébrations de *Pessah*, d'un lecteur qui témoigne de la dévotion, rituelle et superstitieuse, des partisans du Canadien et d'une prière totalement hallucinante qu'un prêtre catholique a prononcée avant un match des étoiles. Les trois derniers textes ont été traduits de l'anglais par Marion Bauer.

Pour terminer cette introduction, nous ajoutons deux remarques, suggérées par la relecture de l'ouvrage. La première porte sur les rapports que les auteurs entretiennent eux-mêmes avec la religion du Canadien ; la seconde relève l'effet du temps qui passe.

1. Les auteurs se répartissent en deux catégories : ceux qui croient à la religion du Canadien et ceux qui ne font que l'observer sans dévoiler leurs propres convictions. André-A. Lafrance, Jean-Marc Barreau et Alain Pronkin appartiennent clairement à la première catégorie, mais à des degrés divers. Lafrance s'affirme lui-même croyant et pratiquant, mais il le fait avec tellement de style, avec tant d'emphase, avec juste ce qu'il faut en trop, pour insinuer un doute chez le lecteur : y croit-il vraiment ou ne propose-t-il là qu'un bel exercice rhétorique ? Barreau investit de telles attentes, de tels espoirs dans le Canadien, qu'il nous fait sentir combien il aimerait pouvoir y croire ; mais il laisse en même temps transparaître une profonde nostalgie : ce n'est sans doute pas dans cette religion-ci qu'il aimerait placer sa confiance ou sa foi. Enfin, Pronkin laisse percevoir tout au long de son texte, en particulier dans son usage répétitif de la première personne du pluriel, des « nous » et des « notre », qu'il appartient – instinctivement, presque génétiquement – à la religion du Canadien : il en pratique les rites, il en possède le vocabulaire, il en partage les valeurs, etc. Benoît Melançon et Olivier Bauer – au moins dans leurs textes, sinon dans leur vie – s'efforcent de prendre de la distance avec

la religion du Canadien. En évoquant l'effet thaumaturgique des reliques de Maurice Richard, Melançon aborde un thème si excessif qu'il nous interdit de penser qu'il pourrait y croire. Quant à Bauer, il multiplie tellement les définitions, les exemples et les possibilités qu'il brouille les pistes et évite de devoir donner ses propres convictions.

2. Les textes sont à replacer dans leurs contextes. Car les auteurs ne parlent pas tous du même Canadien, ni de la même religion. André-A. Lafrance et Benoît Melançon évoquent un Canadien aujourd'hui disparu : le temps de Gerry McNeill et de Maurice Richard, du Forum et de la Soirée du hockey à la télévision, le temps où la coupe Stanley « appartenait » au Canadien. Mais ils réfèrent ce Canadien « de papa » – et « de maman » ! – à une religion « de maman » – et « de papa » ! – qui a, elle aussi, disparu, sauf peut-être à l'Oratoire Saint-Joseph ou à Sainte-Anne de Beaupré : une religion forcément catholique, une religion que les Québécois devaient pratiquer régulièrement, sérieusement et familialement, une religion qui donnait le rythme de la vie sociale et personnelle, une religion où l'on apprenait à se contenter de ce que l'on avait, une religion remplie de reliques à l'efficacité incontestable et au pouvoir incontesté. Mais Jean-Marc Barreau et Alain Pronkin puisent leur référence dans un Canadien des années 2000 : l'époque de Bob Gainey, de Saku Koivu, le temps du marketing, du Centre Bell, des parties disputées sous le soleil de la Floride ou dans le brouillard de Londres, et de la Fondation du Canadien. Et ils le comparent à une religion du XXIᵉ siècle : une « multireligion » dont les frontières sont poreuses et mouvantes, une religion plus individuelle qu'institutionnelle, plus éthique, une reli-

gion que chacun se bricole et qui doit permettre de se réaliser. Il est évident que le Canadien a bien changé depuis 50 ans, que le Canadien d'antan a disparu, sauf dans les souvenirs et les mythes – et dans quelques textes, quelques sons et quelques images d'archives. D'ailleurs, lorsque nous évoquions le projet de ce livre, bien des gens nous l'ont dit : « Le Canadien, il était une religion, mais ça ne l'est plus ! » Ils oublient seulement que, depuis 50 ans, la religion a elle aussi bien changé. La religion d'antan n'existe plus. La religion n'est plus une religion, au sens où elle a pu l'être. Même au Québec, la fidélité à une institution religieuse diminue, la pratique s'effondre, les croyances se métissent, la concurrence se fait vive. Pour beaucoup, le sentiment d'appartenir à une religion est épisodique. Il se ravive à l'occasion des grands rassemblements (Journées mondiales de la jeunesse, Congrès eucharistique, visite d'un pape), des temps forts d'une existence (baptême, confirmation, mariage, enterrement) ou de certaines dates du calendrier, dont Pâques et Noël. Ce qui nous semble remarquable, c'est que le Canadien s'inscrit parfaitement dans ce nouveau rapport au religieux, avec une insistance sur le plaisir, sur le festif, sur l'événementiel, sur la réalisation de soi, et beaucoup moins sur une fidélité exclusive ou sur l'astreinte à une stricte discipline en vue d'atteindre les objectifs. Obtenir le salut ou remporter la coupe Stanley sont maintenant donnés de surcroît ! Les évolutions, les révolutions plus ou moins tranquilles ont bel et bien été concomitantes, et le Canadien reste encore et toujours, à sa manière, une religion…

Un dernier mot pour remercier Jean-Marc Barreau. C'est ensemble que nous avons conçu et développé cette idée un peu folle : publier un livre sur « La religion du Canadien ». Et si nous avons atteint notre but, Jean-Marc doit être crédité d'une mention d'assistance !

Références

AISLIN, « Caricature », *The Gazette*, 13 mars 2008.

CHAMBERLAND, M., « Photographie », *La Presse*, 10 avril 2008, Sports p. 5.

FOGLIA, P., « La dernière église », *La Presse*, 12 avril 2007, Actualités p. 5.

RICHARD, S., « Où en est rendue notre religion ? », *Hockey le Magazine*, novembre 2007, p. 104-108.

STUBBS, D., « Honk if you love the Habs », *The Gazette*, 10 avril 2008, Sports p. 1-2.

TREMBLAY, R., « Le CH est une vraie religion et Gainey est son prophète », *La Presse*, 27 mars 2007, Sports p. 2.

1

Je ne suis plus pratiquant,
mais je n'ai pas apostasié!

ANDRÉ-A. LAFRANCE

Département de communication, Université de Montréal

J'avais l'un de ces pères qui remplissaient bien leurs devoirs de nourriciers, mais pour qui la communication avec leurs fils se résumait à leur demander, durant le repas du soir, si cela allait bien à l'école. Les fils savaient bien qu'ils ne devaient pas, par leurs réponses, ajouter aux préoccupations de leur père. Donc, tout allait bien à l'école. Si une remarque d'un enseignant dans l'un des bulletins périodiques semblait laisser supposer que tout n'allait pas « si bien » à l'école, il valait mieux expliquer que ce n'était qu'un accident de parcours qui serait vite corrigé. Cela servait aussi à calmer les mères qui craignaient par-dessus tout que la réponse de leurs fils ne trouble la sérénité du foyer. Très rapidement, les fils apprenaient à s'absenter de ces repas du soir sous prétexte d'activités parascolaires. Car j'ai connu, personnellement, l'époque où les portes de l'école n'étaient pas verrouillées à double tour à la fin des heures de classe. On pouvait encore s'y livrer à des activités culturelles ou sportives animées par des enseignants qui ne comptaient pas leurs heures supplémentaires et à qui l'on ne comptait pas, non plus, chacun des gestes d'affection qu'un adulte normalement constitué peut pratiquer envers un enfant qu'il veut motiver et encourager.

En dehors des quinze jours de vacances auxquels son emploi lui donnait droit, mon père n'avait pas beaucoup de temps à passer avec son fils. Il y avait un deuxième emploi le samedi et les œuvres de l'Église, le dimanche.

La communication du samedi soir

Il y avait pourtant, entre le père et le fils, quelques heures de communication intense... le samedi soir. Nous nous assoyions tous les deux devant l'écran de télévision pour regarder le match de hockey du Canadien. Certes, il n'y avait pas ces échanges de commentaires et d'opinions qui font la fortune de nos chaînes de télévision et des experts invités à revivre chaque instant du match qui vient de se dérouler. Après le match, nous allions nous coucher pour des rêves célébrant la victoire ou regrettant la défaite.

Il y avait eu non pas intercommunication, mais communication avec le même récepteur... de télévision. Nous étions, ce soir-là, sur la même longueur d'onde. Je criais mes encouragements aux joueurs qui ne les entendaient pas. Mon père, lui, les entendait et pouvait constater que je communiais à la même ferveur que lui.

Durant la semaine, j'essayais de me tenir au courant de tous les développements dans la vie de « notre » club de hockey. Je pouvais ainsi démontrer, le samedi soir venu, que j'avais fait mes devoirs de fidèle supporter et que j'étais digne d'assister, aux côtés de mon père, à la grand-messe du hockey.

J'apprenais avec soin les questions et réponses du petit catéchisme du hockey. Je connaissais les noms de tous les joueurs de notre club et de presque tous ceux des autres clubs de la Ligue nationale de hockey. Évidemment, cela était plus facile qu'aujourd'hui, vu le nombre restreint de clubs et l'absence quasi totale de noms « exotiques ». J'avais quand même beaucoup de difficulté à écrire le nom du gardien de but *Terry Sawchuck* des *Red Wings* de Détroit, mais j'y suis arrivé.

Sur les murs de ma chambre, j'avais placé quelques icônes de mes joueurs préférés (en fait, ceux de mon père). Il y avait, entre autres, devant mon lit, celle du gardien de but Gerry McNeill, bien impressionnant avec tout l'équipement de sa fonction. Certes, c'était un « Anglais ». Mais chez nous, nous n'étions pas « racistes » ; nous pouvions accepter les « étrangers » que l'on autorisait à revêtir la « sainte flanelle ». Le chandail avec le CH magique était comme un habit baptismal témoignant de la profession de foi de celui qui le portait. Et comme Jacques Plante n'avait pas encore osé porter le « masque de fer », on pouvait voir le visage du gardien de but, rayonnant de la foi conquérante de son club.

Un grand moment

Le grand moment de ma foi d'enfant eut lieu le jour où mon père, ayant obtenu d'un patron « généreux » deux billets pour assister à un match de hockey, m'invita à l'accompagner. Ma mère s'intéressait peu au hockey et, comme femme, elle ne voyait pas comment elle aurait pu oser pénétrer dans le « Saint des Saints ». J'allais, avec mon père, monter sur le « mont Sinaï ». Certes, je n'allais pas regarder mes dieux en face. Du haut de l'estrade, mes dieux n'étaient que des points blancs, car à l'époque on portait le chandail blanc à domicile et le rouge ailleurs. Les bandes et la glace étaient vierges de toute publicité. Il y avait bien, entre deux périodes de jeu, le tirage d'un chapeau Buckley, « Buckley

Hat», comme le claironnait l'annonceur maison. Mais les marchands n'avaient pas encore envahi le temple. Le parcours était long, en autobus, entre le Forum et la maison. Mais je n'en avais aucunement conscience. Je rêvais, appuyé sur l'épaule de mon père, aux dieux qui avaient littéralement, ce soir-là, marché sur les eaux. Ils avaient remporté une victoire de 14 à 1 contre les Black Hawks de Chicago. Presque un score de football! J'ai eu la voix enrouée pendant près d'une semaine. J'avais tant crié à chacun des buts comptés par «notre» équipe. Il fallait bien que je montre à mon père ma joie d'être là en présence des dieux... et à ses côtés.

À cette époque, le club Canadiens se retrouvait presque toujours en finale pour la Coupe Stanley. Comme tout fidèle, j'étais convaincu que la Coupe appartenait de droit aux seuls dieux dignes de la remporter. Quand ce n'était pas le cas, il s'agissait d'une simple aberration due à quelques diables malfaisants qui s'étaient temporairement glissés au sein de l'équipe adverse. Ceux-ci avaient jeté un sort sur mes dieux, les forçant à descendre temporairement aux enfers. Mais l'année suivante, ils en ressortiraient encore plus forts. En effet, ils portaient le CH et... «par ce signe, tu vaincras».

La défense et la réforme de la foi

Les choses se sont compliquées quand des gens d'affaires, protestant contre le monopole de la Ligue nationale de hockey, ont créé une ligue concurrente. Des amis de mon père avaient même adopté la nouvelle foi, se déclarant partisans d'un club de la ville de Québec. Comment des Montréalais, «Canadiens français», pouvaient-ils renier «notre club»? Malgré un appel discret à la tolérance de la part de mon père, je refusais de rester dans la même pièce que ces apostats, lorsqu'ils venaient rendre visite à mes parents. Certes, l'enfer est pavé de bonnes intentions. Mais nul ne peut impunément fréquenter des discours trompeurs sans risquer de perdre l'innocence qui lui permet d'approcher les dieux.

Puis, après un concile des grands propriétaires, et dans un grand mouvement d'œcuménisme commercial, les deux ligues ont fusionné. Les chemins qui menaient, sans aucun doute, à l'enfer étaient intégrés à ceux du Paradis. Je me voyais comme ces martyrs qui, après des heures de torture, apprennent que leurs pasteurs font maintenant équipe avec leurs bourreaux.

Pendant ce temps, les directeurs de notre église procédaient à une réforme de nos rituels pour les rendre plus « télévisuels ». Jusque-là, je percevais la télévision comme une lunette indiscrète permettant à ceux qui ne pouvaient payer le prix des sièges au temple Forum, de jouer les intrus ; on ne pouvait vraiment tirer tous les mérites d'une participation à ce rite qu'en étant sur place. On commença à réorganiser nos cérémonies en fonction de cette lunette. Les intrus n'étaient plus devant leurs écrans, mais dans le temple ; ils devaient ajuster le rythme de leurs prières aux besoins des caméras alimentant les écrans. La cérémonie réservée aux fidèles était devenue un spectacle offert même à ceux qui ne s'étaient pas soumis aux rites d'initiation des longues soirées au cours desquelles la défaite s'installait à la fin de trop longues périodes de jeu. Ces amateurs de victoires pouvaient choisir d'attendre que les médias invoquent l'arrivée des mystères glorieux pour choisir de pratiquer ma religion par télécommande. Dès que mes dieux ne répondaient pas à leurs prières, ils pouvaient les zapper pour aller adorer les veaux d'or du baseball ou du football empruntés aux croyances du peuple voisin. Mon père et moi, nous restions seuls, parmi nos amis, à supporter les phases de mystères douloureux, comme si notre seule présence allait donner à nos dieux la force de poursuivre leur descente aux enfers sans désespérer de pouvoir, au lever d'une nouvelle saison, remonter dans la barque de la victoire.

Mon père entre au temple

Mon père vieillissait. Il avait pris sa retraite. Plaisir suprême attribué aux mérites d'un fidèle pratiquant, les sacristains du temple lui avaient permis d'acheter un billet « de saison » et, ainsi, de pénétrer dans le « Saint des Saints » deux fois par semaine. Il n'avait pas assez d'argent pour se livrer aux ablutions de houblon sacré, devenu le nectar banquier de mes dieux. Il était un puritain qui n'allait au temple que pour se livrer à l'adoration. Je me rappelle l'avoir vu souvent revenir, l'œil noir de colère contre ceux qui avaient vendu son temple aux marchands de *hot-dogs*. La lunette télévisuelle de son salon n'avait pas été assez large pour lui montrer ce qui se passait dans les arrière-bancs de son église. Et la seule fois que nous y étions allés ensemble, notre foi n'avait de regards que pour nos dieux, ignorant volontairement la foire qui occupait le parvis, et même la nef, de notre temple.

Je deviens indifférent

Comme il arrive à l'adolescence, je m'étais éloigné de mon père et de sa religion. Je sentais bien qu'il me reprochait, en silence, les distractions qui me faisaient préférer, le samedi soir, d'autres rites que ceux auxquels je m'étais livré jusque-là. Je faisais quand même, pour ne pas trop lui déplaire, un effort pour parcourir les « feuillets paroissiaux » publiés dans les pages consacrées aux sports dans les quotidiens du week-end. Je pouvais alors faire état, dans nos rares conversations, des derniers miracles accomplis par ses dieux. Car ils n'étaient plus les miens. Je m'intéressais plutôt à des incarnations plus charnelles de divinités qui ne devaient pas leur silhouette à des épaulettes ou à des jambières de protection. Nous étions d'ailleurs, entre l'apparition de la pilule et celle du SIDA, à la « belle époque » où nous préférions vivre « sans protection », alors que mes anciens dieux commençaient, avec leur visière et leur casque, à multiplier les leurs.

Je ne pratiquais plus, mais je n'avais pas apostasié la religion de mon père. Si je pensais à un sport-spectacle, c'était au hockey des Canadiens. Je n'avais pas brûlé l'attachement qui me restait à ce club sur l'autel des dieux du baseball ou du football. Je n'avais pas renié mes dieux, même quand le coq médiatique avait chanté trois fois pour le baseball des Expos, le football des Alouettes ou le soccer de l'Impact. La photo de l'ancien gardien de but Gerry McNeill était toujours accrochée au mur de ma chambre, même si les revues qui dormaient sous mon matelas n'étaient pas des revues de hockey.

J'ai ainsi vécu de nombreuses années dans une certaine indifférence, marquée par quelques retours aux émissions provenant du temple lors des grandes cérémonies célébrant la naissance d'une nouvelle vedette dans la crèche du club ou l'annonce de la possible réapparition de la Coupe Stanley en son cénacle.

J'y ai perdu mon latin

Plusieurs décennies ont passé depuis. Lorsque j'entends à la radio des prédicateurs annoncer la «bonne parole», j'ai l'impression d'y avoir perdu mon latin. Je ne sais plus si on parle d'un club national étranger participant à des jeux internationaux ou s'il s'agit de nouveaux convertis aux vertus de la «sainte flanelle».

J'ai été élevé dans l'esprit missionnaire de mes maîtres religieux; je me réjouis de voir tous ces hommes qui vivaient jusque-là dans l'ignorance du «vrai hockey» découvrir les vertus de la vraie foi sur la glace de Montréal. Mais je dois confesser que je n'ai pas le don des langues et que certains noms me laissent pantois. Moi qui connaissais le nom de tous les joueurs des clubs de mon enfance, je n'arrive même plus à me souvenir de celui des clubs qui font partie des différentes chapelles de cette nouvelle église. Quand je m'étonne qu'il y ait si peu, dans le club de Montréal, de joueurs portant des noms de «chez nous», on me dit que l'important, c'est que «notre club» gagne, même si c'est avec des mercenaires. Ou bien on m'accuse de ne pas être politiquement correct. Mais si on veut tant être «accommodant», pourquoi n'y a-t-il pas de Noirs, d'Asiatiques ou de femmes dans «notre club»? On ne joue pas au hockey en Chine ou au Japon? Ils ont tout copié; ils doivent bien l'avoir fait pour le hockey! C'est vrai qu'il y a eu un gardien de but qui était... Français. Et malgré ce défaut inné, il était traité par les fidèles comme l'un des nôtres: on le montait aux nues quand il permettait de remporter la victoire; on le huait et l'on souhaitait son excommunication dès qu'il n'arrivait pas à le faire.

Quand j'ai retrouvé la foi

Récemment, j'ai connu un événement qui a fait de moi un nouveau Claudel retrouvant la foi de son enfance derrière une colonne du temple, un soir de grande liturgie. Un jour, mon fils, qui a une foi œcuménique en tous les grands sports de spectacle, est venu me chercher à mon bureau en fin de soirée. Il arrivait du temple. Ce n'est plus celui de mon enfance ; on a migré vers une cathédrale dont la nef peut accueillir les offrandes d'un plus grand nombre de fidèles et les sacristies, assez grandes pour permettre aux chanoines de différentes provenances de se livrer, en toute impunité, à des activités sacrilèges, comme boire, manger et négocier des contrats pendant que, sur la glace, les dieux cherchent à assurer leur salut.

Mon fils avait assisté à une remontée spectaculaire de « notre club ». Dans l'auto, le commentateur à la radio proclamait la portée miraculeuse d'une remontée « record ». Les auditeurs chantaient les louanges de différents joueurs… dont j'entendais, évidemment, les noms pour la première fois. Nous sommes arrêtés manger une bouchée dans une brasserie. Les écrans de télévision, répartis autour de la salle à manger, montraient les différentes étapes de la soirée comme les différentes stations d'un chemin de croix inversé. Après une première chute sous les coups de l'équipe adverse, nos dieux se relevaient et remontaient, fouettés par les cris délirants de la foule, jusqu'au tribunal d'une fin de match où ils étaient reconnus innocents de toutes les paresses dont on les accusait depuis des semaines de performance désolante. Dans la salle, les fidèles, qui revenaient peut-être du temple ou qui avaient déjà suivi l'événement sur leur écran de télévision, exprimaient de façon exubérante leurs hommages aux dieux, comme si le miracle qui se déroulait devant leurs yeux était chaque fois imprévisible. Un peu comme des fidèles qui, après une vie marquée par une morale qui devait leur assurer le ciel, étaient surpris de se retrouver au Paradis! Puis nous sommes rentrés chez mon fils, où je devais passer la nuit. À cette heure-là, j'aurais dû me diriger vers la chambre d'ami; j'avais un cours tôt le lendemain matin. Mais mon fils a allumé la télévision et, grâce aux merveilles de la technologie moderne, nous avons pu regarder une version «express» du match. Je n'arrivais pas à m'extraire de l'extase créée par la répétition des mêmes scènes, des mêmes chorégraphies des joueurs sur la glace, des mêmes buts comptés, des mêmes cris presque sauvages d'un «peuple» voyant tomber, pierre par pierre, «les murs de Jéricho». Je ne pouvais m'empêcher de repenser à l'effet qu'avait produit sur moi la présentation répétitive, hypnotique, des images de l'effondrement des deux tours de New York, ce 11 septembre qui a changé le cours de notre histoire. Puis les commentateurs se sont remis à analyser chaque scène, chaque chorégraphie, chaque but. Ils en parlaient, eux aussi, comme si la victoire de ce soir-là allait changer le cours de l'histoire... du club... Et la vie de ses fidèles. Comme si, dorénavant, tout allait être différent!

Je crois bien que ce soir-là, j'ai retrouvé la foi. Car je voulais croire qu'on pouvait encore changer le cours de l'histoire, même sur une patinoire!

2

Le Canadien de Montréal est-il une religion ?

Olivier Bauer

Faculté de théologie et de sciences des religions,
Université de Montréal

> *Les jeux sont une méditation sur quoi, dans nos stades ?*
>
> Montherlant, *Les Olympiques*[1]

Au risque de tuer tout suspense, nous préférons affirmer d'entrée de jeu qu'au sens strict le Canadien n'est pas une religion ! La lectrice ou le lecteur pourra s'en réjouir ou le regretter. Il manque au Canadien, fondamentalement et définitivement, une référence explicite et assumée à une Transcendance, à un Dieu, à une Divinité ou à un Ultime, quelle qu'Il ou qu'Elle soit. Mais, et ce « mais » nous autorise à poursuivre notre réflexion, cela ne lui ôte pas pour autant tout caractère religieux. Car il faut tout autant reconnaître qu'il présente bien des aspects d'une religion, peut-être dans la valeur que certains lui attribuent, mais surtout dans les comportements qu'il génère. Il y a bien, au moins à Montréal, une ferveur religieuse autour du Canadien, une ferveur qui se renforce à mesure que les enjeux augmentent, qui s'affirme et s'exprime de plus en

---

1. H. de Montherlant, *Les Olympiques*, Paris, Gallimard, 1954, p. 55.

plus quand les séries approchent et que «ça commence à sentir la coupe».

Mettre en relation le sport et la religion pourrait paraître, aux yeux des croyants comme à ceux des intellectuels, iconoclaste ou provocateur. Mais nous pouvons avancer comme excuse que ce n'est pas nous qui avons commencé! Nous avons de fameux prédécesseurs, d'un côté comme de l'autre ainsi que dans la réflexion sur l'un et l'autre. Et nous allons le démontrer.

Le chrétien comme athlète

L'apôtre Paul, le premier et le plus grand théoricien du christianisme, n'a pas hésité à comparer les croyants aux sportifs. Aux chrétiens de Corinthe – la lettre figure dans le Nouveau Testament –, il rappelait, il y a près de 200 ans, la valeur de l'effort : «Ne savez-vous pas que les coureurs, dans le stade, courent tous, mais qu'un seul gagne le prix? Courez donc de manière à le remporter. Tous les athlètes s'imposent une ascèse rigoureuse ; eux, c'est pour une couronne périssable, nous, pour une couronne impérissable. Moi donc, je cours ainsi : je ne vais pas à l'aveuglette ; et je boxe ainsi : je ne frappe pas dans le vide. Mais je traite durement mon corps et le tiens assujetti, de peur qu'après avoir proclamé le message aux autres, je ne sois moi-même éliminé» (1 *Corinthiens* 9, 24-27)[2]. La comparaison est significative. La vie chrétienne consiste à remporter un prix, une palme destinée à durer plus longtemps que les lauriers vite fanés de l'athlète vainqueur. Et l'enjeu est d'importance. L'élimination qui menace les mécréants – ils ne courront

---

2. Les citations bibliques sont tirées de la *Traduction œcuménique de la Bible*, Paris, Alliance Biblique Universelle & Le Cerf, 1982.

ni ne boxeront, plus largement, ils ne joueront pas au Paradis – justifie la discipline rigoureuse que Paul s'impose et qu'il propose à ses correspondants, une ascèse encore plus rigoureuse que celle que les athlètes s'imposent.

Dans d'autres lettres néo-testamentaires, un auteur – il est resté anonyme, mais il revendique de parler au nom de Paul – propose d'autres métaphores sportives. Dans une première lettre à un certain Timothée, il adresse à ce jeune homme, peut-être trop sportif, mais dont nous ne savons presque rien, des conseils pleins de sagesse : « Exerce-toi plutôt à la piété. L'exercice corporel, en effet, est utile à peu de choses, tandis que la piété, elle, est utile à tout. Ne possède-t-elle pas la promesse de la vie, de la vie présente comme de la vie future ? » (*1 Timothée* 4, 7-8). Tout en concédant une valeur au sport, il fixe les vraies priorités. La piété vient toujours en premier, l'exercice corporel ensuite seulement. Et il avance la justification de son propos, qui brille par sa logique : l'exercice physique ne vaut que pour la vie présente – les muscles semblent n'être d'aucune utilité dans le règne de Dieu… – tandis que l'exercice spirituel vaut tout à la fois pour la vie présente et pour la vie future. À Timothée, l'auteur de la lettre rappelle sa vocation : « Combats le beau combat de la foi, conquiers la vie éternelle à laquelle tu as été appelé » (*1 Timothée* 6, 12). Il lui reste encore à devenir ce qu'il est, à justifier les espoirs placés en lui.

Et dans une seconde lettre au même Timothée, l'auteur renchérit dans la métaphore sportive, qu'il double d'une allusion à la vie militaire (probablement le sport le plus extrême) : « Toi donc, mon enfant, fortifie-toi dans la grâce qui est dans le Christ Jésus. [...] Prends ta part de souffrance en bon soldat du Christ Jésus. Personne, en s'engageant dans l'armée, ne s'embarrasse des affaires de la vie civile s'il veut donner satisfaction à celui qui l'a enrôlé. Et de même, dans la lutte sportive, l'athlète ne reçoit la couronne que s'il a lutté selon les règles» (2 *Timothée* 2, 1.3-5). Il est évidemment faux d'affirmer que l'athlète ne remporterait le prix qu'à la condition d'avoir respecté les règles. Dans le stade comme à la guerre, au premier siècle comme au vingt et unième, l'essentiel a toujours été de ne pas se faire prendre. Mais la vie chrétienne, elle, ne permet pas de tricher, en tout cas pas devant un Dieu qui sait tout et qui dévoilera tout au moment du jugement dernier.

Devançant ce jour, l'auteur de la lettre à Timothée attribue à Paul ce bilan de son existence : «Pour moi, voici que je suis déjà offert en libation et le temps de mon départ est arrivé. J'ai combattu le beau combat, j'ai achevé ma course, j'ai gardé la foi. Dès maintenant m'est réservée la couronne de justice qu'en retour me donnera le Seigneur, en ce Jour-là, lui le juste juge ; et non seulement à moi, mais à tous ceux qui auront aimé sa manifestation» (2 *Timothée* 4, 6-8). Il en fait ainsi un apôtre satisfait de ce qu'il a fait. Ou plutôt, un apôtre satisfait de ce que Dieu a fait pour lui. Car c'est bien ce qu'il affirme : c'est grâce à Dieu qu'il a gagné sans même devoir se battre ; c'est grâce à Dieu qu'il peut se satisfaire d'avoir fait du mieux qu'il pouvait ; c'est grâce à Dieu qu'il a remporté une victoire, non pas sur les autres, mais sur lui-même. Il ne tire aucune gloire de ses succès, il se réjouit simplement d'avoir rempli sa tâche. Il attend la couronne de justice qui lui est promise, une récompense qu'il préfère à toutes les médailles, d'or, d'argent ou de bronze. Mais, loin de jouir égoïstement des honneurs, il se réjouit de ne pas être seul dans son camp. La vie chrétienne ne couronne pas un vainqueur unique, laissant les autres repartir les mains vides et la tête basse. Dieu récompense toutes celles et tous ceux qui attendent simplement avec confiance le jour où le Christ reviendra. C'est ici que s'effectue le passage de l'effort à la grâce, c'est ainsi que le parfum de l'amour chasse l'odeur de la sueur !

Trois sports, trois régions, trois religions

Nous pensons avoir rassuré les croyants, les chrétiens au moins. Il nous reste encore à persuader les intellectuels de la pertinence de notre question. Les sportifs devront quant à eux lire l'article jusqu'au bout – nous leur rappelons un lieu commun : la victoire n'est jamais acquise avant le coup de sifflet final – avant de décider si nous sommes convaincants... Persuader les intellectuels devrait s'avérer une tâche aisée. Ils savent bien que ce n'est pas faire preuve d'originalité que d'oser parler du sport comme d'une religion. Sur ce thème, les travaux ne manquent pas.

Sans prétendre à la moindre exhaustivité ni même à une quelconque représentativité, nous en évoquons ici trois, qui nous paraissent emblématiques de la question. Ils proviennent en effet de chercheurs formés dans trois disciplines, l'histoire, l'ethnologie et la théologie, de recherches menées dans trois pays, les États-Unis, la France et le Canada, et portant sur trois sports, le base-ball, le soccer et le hockey... chacun pourra sans peine relier à chaque pays le sport qui lui revient. Les trois approches témoignent, au travers de leurs différences – elles concernent aussi bien la définition des concepts, celui de religion en particulier, que leur utilisation ou la manière de les aborder –, de cette même intuition que sous, ou dans le sport, se cache, parfois bien, parfois mal, « de la religion ».

Très brièvement, nous dirons que l'historien montre comment des chrétiens ont fait d'un sport un outil d'évangélisation, que les ethnologues utilisent la « religion » comme un outil heuristique pour mettre en évidence certaines particularités d'un sport et que le théologien décrypte la manière dont les joueurs et les partisans font de leur sport une religion.

Le royaume de Dieu est semblable à une partie de baseball...

Dans un petit ouvrage au titre évocateur, *La légende du football*, le philosophe suisse Georges Haldas avait imaginé, pour dire le royaume de Dieu, les premières phrases d'une parabole du football : « En vérité, en vérité, je vous le dis, le royaume de Dieu est semblable à un défenseur qui, ayant commis une lourde faute dans le carré des seize mètres... » Il s'expliquait : « Si le but est marqué, coupable ou non, le joueur en question [celui qui a commis la faute] baisse encore davantage la tête. Comme un homme acceptant soudain de payer ses erreurs. Mais si, d'aventure, est raté ledit *penalty*, ce même homme, de joie, sautera plus haut que tous les autres. Brusque inversion des énergies. Les derniers seront les premiers, etc.[3] »

Certains théologiens américains sont allés encore plus loin dans la métaphore sportive. Ils ont fait du baseball l'endroit où le royaume de Dieu devenait réalité. Dans un récent ouvrage consacré au baseball, à la religion et à la culture américaine[4], l'historien états-unien Christopher H. Evans présente cet article de foi, en même temps qu'il en évalue la pertinence.

---

3. G. HALDAS, *La légende du football*, Lausanne, L'Âge d'Homme, 1989, p. 93.
4. C. H. EVANS et William R. HERZOG II (éd.), *The Faith of 50 million. Baseball, Religion and American Culture*, Louisville, Westminster John Knox Press, 2002.

Au tournant du XXe siècle aux États-Unis, les théologiens protestants libéraux créèrent l'expression « royaume du Baseball » (*Kingdom of Baseball*) sur le modèle du royaume de Dieu. L'analogie révèle la valeur religieuse qu'ils attribuaient à leur passe-temps national. Mais elle fonctionne aussi dans l'autre sens. Elle donne de la chair à l'idée, plutôt abstraite, du royaume de Dieu, elle aide à comprendre comment ces chrétiens le concevaient, il y a une centaine d'années.

Evans met en évidence trois traits communs que partagent les deux royaumes, celui du Baseball et celui de Dieu.

- En premier lieu, ils valorisent tous deux les vertus de la vie pastorale et rurale qui doivent racheter et christianiser − c'est-à-dire « purifier » et « adoucir » − les villes. Ainsi, les stades permanents pour le baseball ont été conçus pour devenir les pièces maîtresses des parcs aménagés au cœur des agglomérations.
- En deuxième lieu, ils réunissent des chrétiens modèles, des hommes, pleins de zèle joyeux, travailleurs mais sachant se reposer et se délasser sainement. Ceux-ci doivent, à l'instar de Christy Mathewson, surnommé *The Christian Gentleman* et troisième par le nombre de victoires dans toute l'histoire du baseball[5], posséder tout à la fois l'intelligence, la robustesse physique, la force mentale, l'esprit de compétition et le désir de gagner.

---

5. Christy « Matty » Mathewson (1880-1925) joua essentiellement pour les Giants de New York. Il remporta 373 victoires tout au long de sa carrière. D. K. MCKIM, « "Matty" and "Ol'Pete" : Divergent American Heroes », dans C. H. EVANS et W. R. HERZOG II (éd.), *The Faith of 50 million*, p. 51-81.

♦ Enfin, en troisième lieu, les deux royaumes s'avèrent être des organisations démocratiques. Anticipant ce qui sera totalement vrai dans le royaume de Dieu, le royaume du Baseball illustrait «comment des Américains de diverses classes sociales et de diverses ethnies [peuvent] coopérer pour construire une meilleure société, inspirés par une vision commune du royaume de Dieu[6]».

Les théologiens protestants du début du XXe siècle étaient fondamentalement convaincus que, sous ces trois aspects, le baseball donnait un avant-goût du royaume de Dieu en même temps qu'il permettait de le faire advenir. Ils affirmaient ainsi tout à la fois une certitude (leur pays était une nation bénie par Dieu), un espoir (Dieu allait transformer les relations sociales) et une conviction (en tant que *White Anglo-Saxon Protestant*, ils avaient la responsabilité de transmettre l'Évangile et de faire progresser le monde occidental). Pour eux, l'évangélisation équivalait à une simple «américanisation». Et le baseball était le lieu où le royaume de Dieu pouvait d'ores et déjà devenir une réalité.

Mais, comme le note Evans, trois contre-arguments viennent contredire cette vision idyllique. Tout d'abord, le royaume du Baseball a longtemps été un facteur d'exclusion, rejetant les femmes et les Afro-américains pour n'accueillir que des hommes blancs. Ensuite, le royaume du Baseball n'a pas échappé aux problèmes de la société états-unienne; il a connu la cupidité des propriétaires et des joueurs, la tricherie, le racisme et le dopage. Enfin, le royaume du Baseball n'a pas réussi à «racheter» les centres-villes, dont il a fini par être expulsé.

---

6. C. H. EVANS, «The Kingdom of Baseball in America. The Chronicle of an American Theology», dans Christopher H. EVANS et William R. HERZOG II (éd.), *The Faith of 50 million*, p. 40.

Même s'il reste encore quelques signes de l'existence de ce royaume du Baseball, en particulier dans l'aspect des stades de baseball, qui perpétuent les modèles anciens et la fonction rédemptrice que continue de lui attribuer la culture populaire, il pourrait n'être que « la relique métaphorique d'une Amérique disparue[7] », où le baseball était le symbole d'une espérance commune.

Evans va même plus loin dans son évaluation de la pertinence du concept de « royaume du Baseball ». Il estime qu'il est possible – ou probable – qu'il n'ait jamais ressemblé au royaume de Dieu. Car, dans le débat théologique classique sur le royaume de Dieu (viendra-t-il comme l'aboutissement logique des progrès réguliers de l'humanité ou nécessitera-t-il une souffrance rédemptrice et transformatrice ?), le protestantisme libéral états-unien privilégia au début du xxe siècle le premier modèle. Rempli d'optimisme, plein de confiance dans les capacités des êtres humains, il n'a pas remarqué les fractures entre les hommes et les femmes, les fractures raciales, sociales et culturelles, faisant comme si toutes les différences pouvaient disparaître dans le creuset états-unien. Mais ce n'était là qu'une illusion ! Comme le rappelle Evans, « un sport qui peut produire les sentiments ruraux d'harmonie, d'harmonie sociale et d'amour peut aussi révéler le ressentiment, la colère et la destruction[8] ». En vérité, le royaume du Baseball est encore loin du royaume de Dieu.

Tu adoreras le Seigneur ton sport...

Trois ethnologues français, Christian Bromberger, Alain Hayot et Jean-Marc Mariottini, font un tout autre usage

---

7. *Ibid.*, p. 43.
8. *Ibid.*, p. 45-46.

de la comparaison entre sport et religion. Dans une étude de terrain sur la place du football à Turin et à Marseille, ils évaluent la possibilité d'interpréter le match de football – le *soccer* des Nord-Américains – au travers de la catégorie du rite religieux.

Dans un contexte de catholicisme latin, les auteurs observent qu'un match de football se déroule dans une « atmosphère d'intense religiosité [...] : prières, aspersion propitiatoire de sel derrière les buts de l'équipe que l'on soutient, parfois sacrifice d'un coq avant le début de la partie[9] ». Voilà pour la surface. Mais par-delà les formes, les ressemblances entre football et religion sont bien plus profondes, les parallèles plus saisissants, les isomorphismes plus significatifs. Car on peut retrouver dans un match de football toute la structure d'un rituel religieux, identifier dans celui-là toutes les caractéristiques de celui-ci : « des officiants, des assistants, une séquence d'actions codifiées, un cadre spatio-temporel bien défini, des émotions exprimées à l'aide de moyens conventionnels, etc.[10] ». Rites religieux ou sportifs, ils rassemblent des fidèles, « qui expriment leur effervescence émotionnelle selon une rigoureuse codification gestuelle [...] et vocale », et des officiants, « chargés de l'exécution du sacrifice, avec lesquels les "fidèles" "communient" ». Tous deux se déroulent dans « un lieu clos consacré au "culte" » avec, en son centre, un espace sacré, la pelouse, « inviolable par d'autres que par les "officiants" ». Tous deux promettent un sacrifice, « la victoire des bons sur les méchants, du bien sur le mal, de "nous" sur "les autres", une issue attendue que menacent les forces adverses ou maléfiques – au football « l'arbitre,

---

9. C. Bromberger, A. Hayot et coll., « Allez l'O.M.! Forza Juve!», *Terrain*, 8, 1987, p. 13.
10. *Ibid.*, p. 40.

le vent, la pluie qui a rendu le terrain gras, des officiants manquant de ferveur et de conviction, etc.[11] ». Et puis il y a les clubs qui sont « rigoureusement hiérarchisés, à l'image des appareils ecclésiaux » ; il y a « des lois valables pour tous (les XVII Lois du Jeu : on emploie toujours des majuscules pour s'y référer) » ; il y a des « mécanismes différentiels d'idolâtrisation des joueurs [...] qui rappellent les spécialisations sociales, régionales et professionnelles dans le culte des saints » ; il y a une langue qui distingue les initiés des profanes ; il y a des comportements fétichistes chez les joueurs et chez les partisans (le choix des vêtements, l'ordre dans lequel il faut les enfiler, la place que l'on occupe dans le vestiaire ou dans le stade) « relevant de la magie personnelle ou empruntés à la religion officielle, pour apprivoiser le sort et dompter l'aléatoire[12] ».

La démonstration paraît réussie. « À ce point, l'analogie entre match de football et rituel religieux dans sa définition la plus lourde, empruntée à une ethnologie de l'Ailleurs – impliquant rupture avec le quotidien, comportements répétitifs et codés, épaisseur symbolique, croyances – pourrait sembler fondée et la catégorie de rituel religieux s'imposer[13]. » Mais la comparaison ne fonctionne pas complètement, sauf « comme outil descriptif capable de saisir comportements, trame événementielle, enjeux symboliques de façon relativement exhaustive[14] ».

Pour justifier leur réserve, les auteurs vont procéder à la critique de l'analogie qu'ils ont eux-mêmes proposée. Ils relèvent quatre obstacles contre lesquels achoppe la qualification du match de football comme « rituel religieux ».

---

11. *Ibid.*, p. 36.
12. *Ibid.*, p. 35-36.
13. *Ibid.*, p. 40.
14. *Ibid.*, p. 40.

• En dépit des « pratiques magico-religieuses où l'on croit, sur un mode mi-parodique, mi-fervent [...] à l'efficacité symbolique », il manque au match de football « la croyance en la présence agissante d'êtres ou de forces surnaturelles[15] », ainsi qu'une « représentation du monde, de la transcendance, de l'au-delà, du salut[16] ».

• Contrairement au rituel religieux, le match de football ne repose pas sur une « communauté d'intention » qui réunisse les officiants et les participants. Certes, tous, officiants (joueurs) et participants (spectateurs) communient dans la recherche de la victoire. Mais c'est là leur seul point d'accord. « Deux matches aux finalités et aux enjeux différents se déroulent dans l'enceinte d'un stade : l'un oppose les supporters des deux villes, pour qui l'équipe est la symbolisation de leur identité collective ; l'autre oppose des joueurs de haut niveau, transférés au fil des ans d'un club à l'autre, pour qui la référence à la ville est mineure et qui se livrent une compétition dans le champ clos de la carrière des joueurs professionnels[17]. »

• Le match de football ne se présente pas comme un rituel religieux. Certes, il comprend toutes les composantes du rituel, mais il lui manque une référence explicite qui donnerait le sens de tous ces éléments. De fait, c'est seulement l'observateur qui les lui donne. « Autrement dit, pour reprendre l'opposition introduite par K.L. Pike, le football serait un rituel d'un point de vue *etic* – celui de l'observateur extérieur – mais pas d'un point de vue *emic* – celui des participants[18]. »

---

15. *Ibid.*, p. 38.
16. *Ibid.*, p. 41.
17. *Ibid.*, p. 40.
18. *Ibid.*, p. 41.

• Il manque enfin aux matchs de football une «stricte répétitivité dans leur trame séquentielle»; dans le monde du football, les idoles «se renouvellent [...] à un rythme accéléré, au point que l'on regardera à peine un joueur adulé quelques années auparavant».

En conclusion, les ethnologues précisent la fonction que remplit à leurs yeux une partie de football. Ils en maintiennent la dimension rituelle, mais font disparaître tous les aspects religieux. «Support d'une gamme extraordinairement variée de possibilités identificatoires, occasion exceptionnelle d'expression des rapports sociaux, dans leurs aspects les plus contradictoires, champ privilégié d'affirmation d'un certain nombre de valeurs, le match de football est aujourd'hui l'événement ritualisé par excellence, où une collectivité mobilise et théâtralise l'essentiel de ses ressources sociales et symboliques[19].»

Au commencement était le hockey, et le hockey était avec le Canada et le hockey était le Canada…

Au cours de nos recherches, nous n'avons trouvé que peu d'études traitant des aspects religieux du hockey sur glace.

Une première réflexion vient d'un petit article du Québécois Bernard Émond. Malgré son âge – il a fêté ses 35 ans – l'article reste d'une étonnante modernité, seuls les noms des joueurs ont changé. L'anthropologue de formation, devenu depuis réalisateur, y démasque le fonctionnement idéologique du hockey. Il remarque qu'utiliser un discours religieux pour en parler, c'est arracher le hockey à sa dimension sociale, à son statut réel d'industrie, pour

---

19. *Ibid.*, p. 41. Les auteurs renvoient à Cl. LÉVI-STRAUSS, *Mythologiques. Le cru et le cuit*, Paris, Plon, 1950.

en faire un produit symbolique, « un "*merveilleux monde du sport*", anhistorique, innocent, lieu d'utopies humanistes[20] ». Ce processus n'est ni innocent ni gratuit. Il vise à déplacer les « problèmes sociaux objectifs » en prétendant les régler par des solutions symboliques. Ainsi, « une victoire du Canadien en série finale réaffirme[rait] l'identité canadienne-française qui s'investit dans le club ».

Émond conclut sa réflexion en précisant la fonction idéologique que remplit le hockey comme religion : « en reportant les racines de la signification hors du social [... il] sanctionne un monde dépolitisé, anhistorique[21] ».

Une seconde réflexion provient d'un article du théologien canadien Tom Sinclair-Faulkner. Partant d'une question toute rhétorique, car son opinion est faite, « Et si être un partisan ou un joueur de hockey était une manière d'être religieux[22] ? », il reprend le concept de religion invisible proposé par Thomas Luckman[23] pour montrer qu'être partisan ou joueur du hockey est bel et bien une manière d'être religieux.

Selon Luckman, la réalité est un univers symbolique que les êtres humains se créent et par lequel ils sont créés. Elle se compose de quatre niveaux de signification, organisés de manière hiérarchique. Au premier niveau, les qualifications tiennent de l'évidence ; elles s'expriment par exemple dans la proposition « l'herbe est verte ». Au deuxième niveau, les qualifications demandent une certaine réflexion : « l'herbe

20. B. ÉMOND, « Essai d'interprétation religieuse du hockey », *Brèches*, 1, 1973, p. 81.
21. *Ibid.*, p. 81.
22. T. SINCLAIR-FAULKNER, « A Puckish Reflection on Religion in Canada », dans P. SLATER (éd.), *Religion and Culture in Canada*, Waterloo, Wilfrid Laurier University Press, 1977, p. 384.
23. T. LUCKMANN, *The Invisible Religion. The Problem of Religion in Modern Society*, New York, MacMillan, 1967.

a besoin d'eau pour croître». Au troisième niveau, elles se compliquent et peuvent être problématisées: «un bon fermier prend soin de son herbe». Enfin, au quatrième niveau, elles deviennent «massivement problématiques», «largement applicables» et «très éloignées du concret»: «toute chair est comme de l'herbe[24]». Cet univers symbolique fonctionne comme une matrice, au sens premier du terme, qui permet à chacune et à chacun de donner un sens à son existence, de naître à son humanité.

Car pour Luckman, être humain, c'est «s'auto-transcender», c'est-à-dire dépasser sa nature biologique pour devenir un soi conscient, pour s'approcher de la «signification ultime» de la réalité, de ce «quelque chose de plus» que Luckman appelle «cosmos sacré». Et c'est le propre de la religion de le permettre, puisqu'elle est simplement «ce que les êtres humains font quand ils sont humains[25]». Lorsque les sociétés deviennent complexes, elles ont tendance à développer des institutions spécifiques qui ont pour fonction de gérer le sacré. Sinclair-Faulkner propose de les appeler des *ecclesia*. La théorie s'achève avec une remarque décisive: «La touche finale de ce modèle sociologique de la religion, c'est l'observation que fait Luckman que, dans une société moderne, très complexe, une personne ne dispose pas d'un seul, mais de plusieurs univers symboliques, chacun lui fournissant un cosmos sacré, soutenu par sa propre *ecclesia*[26].»

Fort de ce cadre conceptuel, Sinclair-Faulkner va démontrer qu'au Canada, le hockey sur glace remplit le rôle d'une religion invisible. «Il y a un monde du hockey, défini par un

---

24. T. SINCLAIR-FAULKNER, «A Puckish Reflection on Religion in Canada», p. 385.
25. *Ibid.*, p. 385-387.
26. *Ibid.*, p. 388.

univers symbolique qui lui est propre et soutenu par une *ecclesia*. Ceux qui vivent dans ce monde organisent leur vie en fonction de ses significations et de ses exigences[27].»

Au premier niveau, le hockey sur glace intègre par exemple des éléments matériels qui lui sont propres: des patins, une patinoire, une rondelle. Il est déterminé par des caractéristiques typiques qui lui sont propres: celle d'être un jeu rapide, intense, «plein de couleur, d'énergie et de danger», d'impliquer deux ou trois joueurs dans chaque action plutôt que l'équipe entière, de placer les spectateurs tout près du jeu. Il partage d'autres caractéristiques avec tous les sports – le plaisir du jeu, l'esthétique de l'activité physique et l'esprit de compétition –, mais il les pousse toutefois très loin, comme en témoigne l'anecdote suivante: après une défaite du Canadien, Maurice Richard aurait répondu à un journaliste qui lui rappelait la maxime de Coubertin, «l'essentiel est de participer»: «Ce Français me semble être né pour perdre[28].»

Sinclair-Faulkner estime difficile de distinguer les trois niveaux supérieurs, en ce qui concerne le hockey du moins. Il résume donc, en une seule phrase, les principales valeurs symboliques du hockey sur glace: «Dans le cosmos du hockey, "on" est canadien, "on" est viril (une qualité qui va au-delà de la simple masculinité) et "on" est excellent (ce qui pour moi a plus à faire avec le fait de gagner qu'avec l'ancienne notion grecque de vertu)[29].»

Il est évident que ces qualifications dépendent pour une part du hockey lui-même. Ainsi, la vitesse du jeu exige des «réflexes entraînés» plutôt que des «réponses réfléchies»,

---

27. *Ibid.*, p. 399.
28. *Ibid.*, p. 389. Sinclair-Faulkner emprunte l'anecdote à A. O'BRIEN, *Fire-Wagon Hockey*, Chicago, Follett, 1967, p. vi.
29. *Ibid.*, p. 391.

ce qui favorise «un degré d'agressivité largement supérieur à l'ordinaire[30]». Mais cet «univers symbolique» est aussi forgé par une *ecclesia*. La Ligue nationale de hockey en est évidemment l'un des acteurs majeurs, mais elle n'est pas seule à définir la religion du hockey. Car le corps de doctrine qui définit le cosmos du hockey se forge tout autant dans les livres sur le hockey, dans les discours des entraîneurs, dans les commentaires des spécialistes dans les médias et du public dans les cafés, dans les propos des joueurs et dans toutes les traditions orales ou écrites, dans toutes les anecdotes et autres récits.

Sinclair-Faulkner fait apparaître cinq traits majeurs de l'*ecclesia* du hockey. Elle a Toronto pour capitale, la présence du Temple de la Renommée dans cette ville le démontre. Elle implique des clercs, identifiables à leurs tenues, dont le statut hiérarchique dépend du temps qu'ils lui consacrent et des responsabilités qu'ils assument. Elle gère son propre système disciplinaire, largement indépendant de la justice civile. Elle possède un langage particulier réservé aux seuls initiés : les partisans se permettent de jurer ou de hurler leur enthousiasme. Elle est enfin capable d'intégrer des moments de crise, comme la mort d'un joueur durant une partie ou l'émeute populaire qui suivit la fameuse suspension de Maurice Richard en 1955.

Il reste à Sinclair-Faulkner à poser une dernière question, probablement décisive pour que le hockey puisse être considéré comme une religion, au sens de Luckman. «Que se passe-t-il quand l'individu quitte le monde du hockey pour essayer de construire sa propre "religion invisible"? Est-ce qu'il dispose [*avail*] pour lui-même de l'une ou l'autre des significations rendues disponibles [*available*] par le

---

30. *Ibid.*, p. 390.

hockey[31] ?» Sinclair-Faulkner répond positivement à la question qu'il formule. Il évoque «huit valeurs que le hockey fournit aux Canadiens qui sont engagés dans la construction d'un Soi privé[32]» : un temps et un espace pour des comportements qui seraient jugés illégitimes dans d'autres circonstances, comme les contacts intimes entre hommes; une continuité biographique, puisque l'on peut jouer au hockey tout au long de sa vie; des situations qui permettent d'apporter des réponses claires aux problèmes posés; une institution intermédiaire entre le monde du jeu et celui du travail; un modèle de masculinité; une manière d'introduire de la couleur et de l'effervescence dans des vies qui risqueraient sinon de rester tristes; la possibilité d'éviter la solitude en créant des relations; la fierté d'être Canadien puisque «moi, en tant que Canadien, je suis meilleur qu'un Américain, même si je suis moins riche, meilleur qu'un Européen, même si je suis moins cultivé[33]».

Le Canadien, une religion ? Quelle religion ?

La présentation successive des trois analyses a fait apparaître la diversité des usages du terme «religion». Personne n'en sera étonné, puisque «plus d'un siècle d'étude comparée des religions et de réflexion à ce propos n'a pas permis de parvenir à une définition unique et satisfaisante d'un phénomène dont les chercheurs s'accordent au contraire à reconnaître aussi bien l'extraordinaire diversité des manifestations particulières que l'universalité[34]».

---

31. *Ibid.*, p. 399.
32. *Ibid.*, p. 399.
33. *Ibid.*, p. 400.
34. J.-C. BASSET et P. GISEL, «Religion et religions», dans P. GISEL (éd.), *Encyclopédie du protestantisme*, Genève, Labor et Fides, 1995, p. 1293.

Ainsi, parler de la religion du Canadien de Montréal ne suffira pas. Il faudra encore préciser de quelle religion il est question. Or, les définitions sont multiples et variées. Sans vouloir les hiérarchiser – nous ne succomberons pas à la tentation dénoncée par Guy Ménard, qui consiste à distinguer, « à l'intérieur du phénomène religieux, entre des réalités qui seraient plus "visiblement" ou plus "explicitement" religieuses que d'autres qui, l'étant moins, risquent toujours de finir par être considérées comme "moins religieuses" que les premières[35] » –, nous en présentons six, celles qui nous semblent les plus pertinentes dans le contexte du Canadien et du Québec.

Religion

Le propre d'une religion, de toute religion, c'est de conduire vers une Divinité, vers une Transcendance, vers un Sacré, vers un Ultime, au sens le plus large. Car « la religion en général et chaque religion en particulier est une voie de communication et de médiation, orientée dans ses principes et dans sa pratique vers la perception d'une réalité radicalement autre[36] ». La définition proposée, plutôt consensuelle, a le mérite, ou le tort, de recouvrir les profondes discussions sur ce qu'est une religion, les débats qui durent depuis 2000 ans.

En effet, même l'étymologie du terme reste problématique. « Religion » pourrait avoir deux origines latines, deux sens bien différents. Marquer une préférence pour l'une ou pour l'autre, comme tenter de les réconcilier, ne peut résulter que d'un choix idéologique. Au IIe siècle, le juriste

---

35. G. MÉNARD, *Petit traité de la vraie religion*, Paris, Téraèdre, 2006, p. 24.

36. J.-C. BASSET et P. GISEL, « Religion et religions », p. 1295.

Cicéron estimait que *religio* venait de *relegere* (relire) et concevait la religion comme une relecture minutieuse, une reprise scrupuleuse des textes et des rites fondateurs. Cent ans plus tard, Lactance, un rhéteur romain et chrétien, attribuait une autre origine à *religio*. La faisant dériver de *religare* (relier), il lui conférait la fonction de relier les êtres humains à leur Dieu et les êtres humains entre eux. Cette incertitude étymologique n'est pas sans impact sur la fonction que pourrait remplir le Canadien de Montréal. Car si le Canadien est bien une religion – mais vers quelle autre réalité pourrait-il conduire, avec quelle transcendance pourrait-il permettre d'entrer en communication? – il faudra comprendre quelle fonction il remplit. Est-ce qu'il relit ou est-ce qu'il relie?

Une religion qui relit

«Relisante», la religion du Canadien révèle à la fois des aspects positifs et négatifs. Elle est utile, lorsqu'elle est fidélité et reconnaissance, mémoire et célébration d'une histoire centenaire, qui mêle allégrement les mythes et la réalité, comme le suggère la fameuse devise gravée dans le vestiaire de l'équipe, «Nos bras meurtris vous tendent le flambeau, à vous toujours de le porter bien haut…» La religion du Canadien se voudrait communion autour de personnes (les quinze joueurs honorés par le retrait de leur numéro), dans des lieux (le Forum où le Canadien évolua de 1924 à 1996, puis le Centre Molson devenu Bell) et des célébrations (51 ans de «Soirée du hockey» sur Radio Canada de 1952 à 2004[37], quelques années de «Méchants

---

37. «Ce qu'il faut remarquer, c'est que quelques années seulement après l'avènement du hockey à la télévision, l'engouement populaire est tel que le moindre changement qui diminuerait sa présence sur

mardis » sur RDS depuis), pour commémorer des événements mémorables (les 24 coupes Stanley remportées) autour d'objets fétiches (la « Sainte Flanelle » frappée des lettres « C » et « H »)[38].

Mais cette fidélité, féconde quand elle est envie de reconnaître ce qui a été fait pour faire à son tour, quand elle est désir de se souvenir pour transmettre, devient maladive et mortifère quand elle se limite à reproduire les mêmes comportements superstitieux, à répéter infiniment les mêmes commentaires stériles sur des événements archi-connus, quand elle n'est que fuite dans le passé par crainte d'affronter les réalités du temps présent. Quand elle implique ce type de comportements, la religion du Canadien partage alors bien des traits d'une maladie, selon le diagnostic que Sigmund Freud dressait pour la religion : « La religion serait la névrose obsessionnelle universelle de l'humanité ; comme celle de l'enfant, elle dérive du complexe d'Œdipe, des rapports de l'enfant au père[39]. »

Une religion qui relie

« Reliante », la religion du Canadien peut créer du lien – au moins du lien social – à Montréal ou au Québec. Elle peut servir de valeur commune et réunir, au sein d'une seule

---

les ondes occasionne un tollé de protestations. Déjà, la Soirée du Hockey est en voie de devenir une véritable institution et le hockey, la seconde religion des Québécois. Une moyenne de 1,5 millions de fidèles participent d'ailleurs à la célébration, tous les samedis soir. » F. BLACK, *Habitants et Glorieux. Les Canadiens de 1909 à 1960*, Laval, Mille Îles, 1997, p. 114.

38. Canadiens.com. Page consultée le 2 juin 2008, sur http://canadiens.nhl.com/fr/index.html.

39. S. FREUD, *L'avenir d'une illusion*, Paris, Presses Universitaires de France, 1999 (1927[1]), p. 44.

institution, les francophones et les anglophones, Montréal et la banlieue, les jeunes et les vieux, les Québécois de souche et les nouveaux immigrants, les hommes et les femmes…

Faut-il se réjouir d'une religion du Canadien capable de transcender les différences? Sûrement! Mais nous avons cependant quelques raisons de nous en méfier. Car l'unanimité qu'elle suscite peut n'être que factice, l'égalité qu'elle crée n'être qu'illusoire. À faire oublier les inégalités et les injustices, il se peut que la religion du Canadien cache une réalité moins agréable. Elle risque alors de servir d'opium au peuple, selon l'expression de Karl Marx: «La misère religieuse est, d'une part, l'expression de la misère réelle et, d'autre part, la protestation contre la misère réelle. La religion est le soupir de la créature accablée par le malheur, l'âme d'un monde sans cœur, de même qu'elle est l'esprit d'une époque sans esprit. C'est l'opium du peuple[40].» Nous pouvons d'autant mieux imaginer qu'on – que ce «on» soit une autorité, après tout le principe «du pain et des jeux» a déjà servi de programme de gouvernement, ou une volonté diffuse et impersonnelle – lui confie ce rôle au moment où la religion traditionnelle, l'Église catholique en l'occurrence, ne parvient plus à remplir cette fonction.

Mais, contre l'illusion d'une religion reliante, on pourrait objecter que le sport est avant tout un facteur de division. Au Canada, être partisan des Leafs de Toronto, des Canucks de Vancouver, des Oilers d'Edmonton, des Flames de Calgary, des Sénateurs d'Ottawa ou du Canadien de Montréal implique souvent – forcément pour certains – d'ignorer, de mépriser, voire de haïr, dans une hiérarchi-

---

40. K. MARX, *Contribution à la critique de* La philosophie du droit *de Hegel*, Arles, Éditions Allia, 1998 (1843¹), p. 8.

sation plus ou moins subtile, les autres équipes, ainsi que les villes qu'elles représentent, leurs joueurs et leurs partisans. Et même la mort – celle d'une franchise au moins – ne suffit pas à faire cesser la rivalité. Ainsi, il reste des partisans des Nordiques de Québec – est-il opportun de rappeler que le club a été vendu et qu'il a déménagé au Colorado en 1995 – pour détester le Canadien, par principe ou parce qu'ils attendent la résurrection de leur équipe au maillot fleurdelisé[41]. Mais il est toujours possible de se réconcilier, sur une autre échelle et au détriment d'un bouc émissaire : le Québec contre le *Rest of the Canada*, toutes les franchises canadiennes contre les franchises états-uniennes ou l'équipe nationale du Canada contre tous les autres pays et la Russie en particulier. Comme le signale Émond, symboliquement au moins, « le problème de l'indépendance du Québec a été "réglé" lors de la série Canada/Russie : des athlètes francophones et anglophones se sont unis pour faire face à un danger plus grand : le spectre du communisme[42] ».

Nous sommes cependant d'avis que cette différentiation, cette rivalité, voire cette haine ne suffiraient pas à

---

41. Ce contentieux vient en partie d'une – ou culmine dans une – partie de 1984, qui opposa Canadien et Nordiques le vendredi 20 avril 1984, soit le jour du Vendredi Saint, nous n'aurions osé l'inventer ! « Le match le plus sombre de l'histoire » impliqua une bagarre générale qui dura plus de vingt minutes. « Partout, à la grandeur de la patinoire, les joueurs se pourchassaient les uns les autres. Des duels étaient livrés avec une violence inouïe. » Chabot, J.-F. (2003). « Le match le plus sombre de l'histoire. » Page consultée le 2 juin 2008 sur http://www.radio-canada.ca/Sportsv1/matchsdesanciens/nouvelles/200304/09/001-VendrediSaint.asp. Pour visionner les images, voir « La Bataille Générale Canadiens – Nordiques du Vendredi Saint » (1984). Page consultée le 2 juin 2008, sur http://www.youtube.com/watch?v=hqsVXIhwAzA.

42. B. ÉMOND, « Essai d'interprétation religieuse du hockey », p. 83.

priver le Canadien de tout aspect religieux. Au contraire ! Car, que nous le voulions ou non, la différentiation, la rivalité et la haine sont aussi le fait des religions et le fanatisme, celui des religieux. Ce pourrait même justement être à ce titre que le Canadien se révélerait être le plus religieux, parce qu'il relèverait de l'absolu qui pourrait même valoir, au moins symboliquement, que l'on meure – et peut-être hélas que l'on tue – pour lui.

Religion instituée

Même si elle existe indépendamment d'elles, la religion s'exprime généralement dans des religions particulières (judaïsme, christianisme, islam, hindouisme, etc.) partagées entre différentes confessions (pour le christianisme : le catholicisme, l'orthodoxie ou le protestantisme) incarnées dans des institutions (l'Église catholique romaine, l'Église maronite, le Patriarcat de Moscou et de toute la Russie, les différentes Églises presbytériennes, l'Église Unie du Canada, etc.) qui en définissent, plus ou moins strictement, les formes, les dogmes, les croyances, l'éthique, les pratiques ou les rites, tous ces éléments qui composent n'importe quelle religion : « Le culte est probablement l'élément de base de toute religion. Mais une conduite juste, une foi orthodoxe et la participation aux institutions religieuses sont généralement des éléments constitutifs de la vie religieuse telle qu'elle est vécue par les croyants et les pratiquants [*worshippers*] et telle qu'elle est commandée par les sages religieux et les écritures[43]. »

Si nous faisions du Canadien une religion, il aurait bien des traits d'une religion instituée. Il serait une Église à côté

43. « Religion », dans *Encyclopædia Britannica Online*. Page consultée le 1er avril 2008 sur http://search.eb.com/eb/article-9063138.

d'autres : les Remparts de Québec, les Bruins de Boston ou le CSKA de Moscou. Il ferait partie d'une confession, la Ligue nationale de hockey, qui coexisterait avec d'autres confessions tantôt concurrentes, tantôt partenaires : la Ligue de hockey junior majeur du Québec, la Ligue continentale de hockey, sans oublier la Fédération internationale de hockey sur glace qui tente, vaille que vaille, de jouer le rôle d'une sorte de Conseil œcuménique du hockey ! Il appartiendrait encore à la grande religion du hockey sur glace, qu'il conviendrait de distinguer d'autres traditions comme le hockey sur gazon, le football, le soccer ou le baseball. Pour être précis, il nous faudrait ajouter d'autres lignes de démarcation qui passent à l'intérieur même de chaque sport, à l'image des courants qui parcourent chaque religion : veines libérale, traditionaliste, mystique ou intégriste. Le hockey se répartit ainsi entre sport d'élite et sport de masse, entre professionnalisme et amateurisme, entre hockey masculin et féminin, etc.

À celles et ceux qui objecteraient que la comparaison est un peu forte et que l'attachement des partisans n'équivaut pas à l'adhésion des croyants, nous rappellerons simplement qu'il existe, au hockey comme en religion, plusieurs degrés d'implication dans une Église. À la suite de Danièle Hervieu-Léger[44], nous en distinguons trois, classés selon un ordre croissant d'implication : le « groupement de consommateurs », celles et ceux qui recherchent « une institution capable et légitime pour délivrer des biens symboliques traditionnels » ; le « groupement de pratiquants », celles et ceux qui recherchent « une forme d'entraînement spirituel qui renvoie à des pratiques non pas ponctuelles mais continues, à des règles de vie, à une

---

44. Les catégories viennent de D. Hervieu-Léger, *La religion en miettes, ou la question des sectes*, Paris, Calmann-Lévy, 2001.

éthique, à un fondement religieux »; et le «groupement des utopiques militants », où les croyants sont engagés «à se transformer, à accéder à un nouvel état de vie qui peut aller bien sûr jusqu'à l'engagement total[45]».

Mutatis mutandis, nous pouvons sans peine distinguer les mêmes différences parmi les partisans du Canadien. Les consommateurs ne célèbrent que les séries et, le cas échéant, la procession sur la rue Sainte-Catherine. Les pratiquants vivent leur quotidien au rythme des bonheurs et des malheurs du Canadien. Les militants consacrent leur existence à la Sainte Flanelle. Évidemment, c'est au niveau des consommateurs, où l'implication est moindre, que les partisans sont les plus nombreux. Et qu'en est-il des joueurs, des entraîneurs et des dirigeants? On s'attendrait à les retrouver au moins au deuxième niveau, on espérerait de leur part un engagement au troisième niveau. Mais leur degré d'implication peut varier. Certains sont fidèlement et définitivement attachés au Canadien. Ceux-là sont probablement de moins en moins nombreux. Pour d'autres, jouer pour le Canadien ne représente qu'une opportunité, voire un pis-aller...

Religion populaire

La religion ne s'épuise pas dans les institutions religieuses. Elle s'en affranchit, elle les déborde, elle les contredit, elle les nuance, notamment dans ce qu'il est coutume d'appeler la religion populaire. «Le concept de religion populaire prend sa signification dans des sociétés où fonctionnent des autorités religieuses assurant une forte régulation de

---

45. J.-P. Flipo, «L'Église: une organisation comme une autre?», dans O. Bauer et F. Moser (éd.), *Les Églises au risque de la visibilité*, Lausanne, Institut romand de pastorale, 2003, p. 131.

l'orthodoxie et de l'orthopraxie ; la religion populaire est alors une religiosité vécue – au niveau des représentations, affects et coutumes – sur le mode d'une différence par rapport à la religion officielle[46].» Populaire, cette religion l'est donc tout à la fois parce qu'elle émane du peuple, puisqu'il en est le créateur, et parce qu'elle convient au peuple, puisqu'il la consomme.

Que le Canadien convienne au peuple, c'est indéniable. Il suffit de rappeler que l'équipe joue à guichets fermés (21 273 spectateurs) depuis le début de la saison 2004. Mais le Canadien émane-t-il du peuple ? À cette question, nous envisageons deux réponses diamétralement opposées.

Le Canadien pourrait venir du peuple, parce qu'il s'inscrirait en différence d'une autorité, incarnée par la Ligue nationale de hockey. La culture francophone du Canadien, ou bilingue à tout le moins, dans un contexte totalement anglophone donne quelque crédit à cette hypothèse. Le Canadien, ses dirigeants, ses joueurs, ses partisans et les médias qui en parlent – finalement tout le Québec, sauf quelques irréductibles opposants – se fabriqueraient une religion particulière qu'ils vivraient entre eux, sous la forme particulière qu'ils auraient choisie. La différence du Canadien, ce qui le ferait apparaître comme une religion populaire, résiderait précisément dans son caractère québécois francophone. Il serait unique tant par la langue qu'il utilise, le français, que par les joueurs et les entraîneurs qu'il choisit, des Québécois, que par son style de jeu, celui des fameux *Flying Frenchmen,* l'un des premiers surnoms des joueurs du Canadien.

---

46. J. Maître, « Religion – la religion populaire », dans *Encyclopædia Universalis.* Page consultée le 5 avril 2008 sur http://www.universalis. fr/corpus2-encyclopedie/117/0/p152481/encyclopedie/religion_ la_religion_populaire.htm.

Mais est-ce bien le cas? Certes, le Canadien possède des traits qui lui sont propres. Il privilégie par exemple une version familiale du hockey, tandis que les Flyers de Philadelphie valorisent le jeu viril et vendent le hockey comme un combat[47]. Cependant, la différentiation est de moins en moins patente. Depuis près de quarante ans, le Canadien n'a plus le privilège d'engager les meilleurs joueurs québécois. Il compte aujourd'hui des joueurs canadiens, états-uniens, russes ou finlandais, tous plus à l'aise en anglais qu'en français. Et l'organisation n'existe pas en dehors de la Ligue nationale de hockey, qui lui fournit sa liturgie et ses dogmes. Si le Canadien est une religion populaire dans ce premier sens, elle ne s'éloigne que fort peu de l'institution dont elle dépend. Et c'est précisément ce que lui reprochent certains fidèles québécois qui l'aimeraient plus populaire – entendez plus québécoise – et moins institutionnelle.

Il nous faut donc explorer une seconde piste, celle où le Canadien exercerait lui-même le rôle de l'autorité religieuse. Il serait le gardien du temple qui fixerait la doctrine et la liturgie, non seulement de l'équipe elle-même, mais celles du hockey à Montréal, voire au Québec. La religion populaire se développerait comme une révolte contre cette institution. Et l'on trouverait alors des dissidents – ou des hérétiques du point de vue de l'institution – pour célébrer en dehors des rites que propose le Canadien (c'est-à-dire assister aux rencontres d'autres équipes internationales, nationales ou locales), pour croire en dehors des dogmes du Canadien (jouer sans mettre aucun enjeu par exemple),

---

47. Entretien avec Vincent Lucier, directeur général des ventes du Canadien de Montréal (26 novembre 2007). En 2008, les Flyers ont placé leur participation aux séries éliminatoires sous le signe de la vengeance (PHILADELPHIA FLYERS, «Reserve your Playoff Tickets!», 2008. Page consultée le 15 avril 2008, sur http://flyers.nhl.com/).

pour adorer d'autres idoles que celles dont le Canadien retire le numéro, etc. Notons que la pratique de cette religion populaire n'empêcherait pas – pas plus dans le Canadien que dans les institutions explicitement religieuses – que celles et ceux qui s'y adonnent rejoignent, le temps d'un grand événement, les rangs de la religion officielle.

Religion implicite

Envisageons maintenant un quatrième type de religion, celui de religion implicite. L'inventeur de cette notion, le Britannique Edward I. Bailey, en donne une définition en trois points, tout en soulignant les problèmes liés à chacun des termes.

- Dans un sens très large, une religion implicite est d'abord simplement un engagement [*commitment*] qui englobe, à l'instar de n'importe quelle religion, « toute une gamme d'expériences plus ou moins profondément conscientes, réfléchies et délibérées[48] ». Bailey signale l'ambiguïté suivante : « Le terme [...] évoque-t-il un "engagement" conscient et librement consenti ou fait-il référence à quelque chose de largement inconscient, à une sorte d'héritage inévitable, si l'on ose dire, qui s'imposerait à nous à notre insu ? Eh bien, en fait, il s'agit des deux[49]. »
- Une religion implicite fonctionne ensuite comme un « foyer intégrateur [*integrating focus/foci*][50] ». Cette

48. E. I. BAILEY, « La religion implicite et son réseau d'études. Introduction et présentation », *Religiologiques*, 14, 1996, p. 16.
49. *Ibid.*, p. 16.
50. *Ibid.*, p. 17.

deuxième définition pose «le problème du singulier et du pluriel. L'étude de la religion implicite s'intéresse-t-elle aux manifestations individuelles ou plutôt aux phénomènes collectifs? Ici encore, il faut répondre: aux unes et aux autres[51].» Ce qui permet à un individu d'unifier les multiples dimensions de son être et de son existence est donc tout à la fois choisi par l'individu et/ou proposé par sa communauté.

• Une religion implicite correspond enfin à des «préoccupations intensives aux effets extensifs [*intensive concerns with extensive effects*][52]». Elle doit alors affecter l'ensemble d'une existence. «Pour que la chose soit pertinente à ce chapitre, il faut que le phénomène ait un impact singulièrement profond et considérable sur l'individu ou le groupe qu'il affecte[53].»

Nous pourrions faire du Canadien une religion implicite, pour peu que nous parvenions à retrouver ces trois aspects. S'il est sans aucun doute un engagement pour beaucoup, un engagement dont ils témoignent publiquement en portant une casquette, un bonnet ou un maillot frappé du CH (ils peuvent même préciser à quel joueur va leur fidélité...), en accrochant un drapeau du Canadien à la fenêtre de leur voiture ou au balcon de leur appartement, il est fort probable qu'il puisse servir de foyer intégrateur pour certains et éventuellement possible que, pour quelques-uns, il exerce des effets dans d'autres moments d'une existence, c'est-à-dire hors de la patinoire. Mais, au-delà d'un discours métaphorique plus ou moins réfléchi, plus ou moins élaboré, le Canadien fonctionne-t-il vraiment

---

51. *Ibid.*, p. 17.
52. *Ibid.*, p. 18.
53. *Ibid.*, p. 18.

comme une religion implicite ? Nous n'en sommes pas persuadés. Car celles et ceux qui ne vivraient que pour le Canadien, qui organiseraient toute leur existence – dans ses moindres aspects : amoureux, familial, professionnel, financier, spirituel, etc. – en fonction du seul Canadien doivent être extrêmement peu nombreux, s'ils existent seulement...

Cependant, Bailey ajoute une remarque qui pourrait s'avérer capitale pour notre examen d'éventuels aspects religieux du Canadien : « Si [...] les termes de notre troisième définition se retrouvent au pluriel – préoccupations, effets –, c'est bien pour signifier la pluralité des figures que peut prendre la religion implicite aussi bien au plan du degré de conscience qu'elle sollicite qu'à celui de l'ampleur sociale du phénomène et du type de sociabilité qu'elle met en œuvre. [...] Le fait d'appartenir à un seul "univers de référence" relève vraisemblablement, en ce sens, d'une époque révolue de nos sociétés, du temps où celles-ci étaient encore de taille plutôt modeste et d'organisation relativement simple[54]. » Ce qui laisse penser que la religion du Canadien pourrait ne pas être exclusiviste et laisser ses fidèles cumuler plusieurs engagements, multiplier les foyers intégrateurs et autoriser plusieurs préoccupations intensives. Une telle possibilité nous semble plus conforme à la réalité.

Religion civile

Il est un autre concept qui pourrait se révéler utile pour comprendre le statut religieux du Canadien, celui de « religion civile ». Formulé par Jean-Jacques Rousseau au

---

54. *Ibid.*, p. 18-19.

XVIIIe siècle, il exprime « les dimensions à la fois religieuse et politique du lien social[55] ». Mais c'est sans aucun doute aux États-Unis que l'on retrouve la forme la plus aboutie de la religion civile. « De manière très générale, la religion civile décrit comment les Américains, tout au long de l'histoire de leur nation, ont créé une identité collective nationale en chargeant d'une valeur sacrée une variété de symboles, de rites et d'institutions séculiers[56]. » Mais la notion a des implications plus profondes. Robert Bellah a montré qu'elle exprimait deux convictions fondamentales aux États-Unis : la confiance que Dieu bénit l'Amérique et la certitude que les Américains sont, à titre individuel et collectif, les instruments de Dieu, qu'ils ont la responsabilité de faire se réaliser la volonté de Dieu sur la Terre[57]. Si, aux États-Unis, cette religion civile se fonde, ne serait-ce que pour des raisons historiques, sur le judéo-christianisme, elle permet d'intégrer toutes les religions. La seule exigence, le consensus minimal, c'est d'avoir un Dieu, peu importe lequel : *in any God we trust !* Aboutissement logique ou perversion démoniaque, la religion civile états-unienne a tendance à passer « d'une promesse à l'Amérique (par une divinité transcendante) à une promesse de l'Amérique (en tant qu'auto-transcendance nationale)[58] ».

Nous pourrions faire du Canadien la religion civile du Québec, à condition que celui-ci montre tout d'abord son

---

55. R. CAMPICHE, « Religion civile », dans P. GISEL (éd.), *Encyclopédie du protestantisme*, Genève, Labor et Fides, 1995, p. 1318.
56. C. H. EVANS, « Baseball as Civil Religion : The Genesis of an American Creation Story », dans Christopher H. EVANS et William R. HERZOG II (éd.), *The Faith of 50 million*, p. 14.
57. R. N. BELLAH, « Civil Religion in America », *Daedalus*, 96, 1967, p. 1-21.
58. C. H. EVANS, « Baseball as Civil Religion », p. 27.

pouvoir fédérateur. Ce qui ne laisse guère de doute. Mais il devrait encore remplir les deux conditions formulées par Bellah. Vérifions si c'est bien le cas.

Tout d'abord, le Canadien témoigne-t-il de la bénédiction divine sur le Québec ? Nous serions enclins à répondre oui, à défendre l'idée que le Canadien nourrit bel et bien cette première conviction. Dans un Québec longtemps dévalorisé – l'expression classique « né pour un petit pain » témoigne des limites des ambitions québécoises –, les succès inégalés du Canadien ont longtemps été un des rares motifs de fierté des Québécois et le signe que Dieu n'avait pas abandonné la Belle Province.

Mais la seconde condition nous paraît plus problématique. Y a-t-il vraiment des gens pour croire que le Canadien serait un cadeau que le Québec aurait offert au monde ? Nous restons sceptique, car nous avons peine à y croire… Cependant, si nous élargissons notre perspective au hockey en général, force nous est de reconnaître qu'il représente l'une des trois valeurs que les Canadiens – au sens originel du terme, il désigne les Francophones, les autres étant des Anglais – peuvent revendiquer, à côté de la langue française et de la religion catholique. Mais ces dernières, si elles sont constitutives du Québec, ne lui appartiennent pas. Elles sont arrivées de France au xvie siècle. Des trois, seul le hockey appartient donc vraiment au Québec, et plus spécifiquement à Montréal, où fut disputé, le 3 mars 1875 sur le *Victoria Skating Rink*, le premier match officiel de toute l'histoire du hockey. Ainsi, le hockey pourrait remplir la seconde condition énoncée par Bellah. Il serait bel et bien un cadeau que le Québec fait au monde, comme en témoigne le nombre presque incalculable d'entraîneurs et de joueurs québécois dans toutes les équipes de hockey à travers le monde !

Quasi-religion

Pour terminer, nous voulons évoquer la notion forgée par Paul Tillich dans les années 1930, celle de quasi-religion. Le théologien allemand qualifiait ainsi les idéologies politiques dominantes à son époque : l'humanisme libéral, le fascisme et le communisme. Elles étaient pour lui des « religions séculières, qui ne se réfèrent pas à un principe ou à un être transcendant, mais qui proposent une réponse à la question du sens de l'existence. [...] Elles ont toutes les caractéristiques des religions. Toutefois, elles ne veulent pas et ne se disent pas religieuses, même si elles le sont profondément[59]. »

La distinction entre religion et quasi-religion est ici double. Elle porte d'abord sur le fond : la présence – ou l'absence – d'une référence explicite à une transcendance. Séculières, les quasi-religions n'invoquent ni Dieu ni Ultime. La seconde différence porte sur la forme. Et là, les différences entre religion et quasi-religion s'estompent, voire s'effacent. Car, même si elles s'en défendent, les quasi-religions fonctionnent comme des religions : elles sont fondées sur des dogmes et des croyances, se réfèrent à des textes fondateurs, impliquent des autorités qui gèrent une forme de sacré et sont rythmées par des rites célébrés dans des lieux symboliques, etc. De fait, elles unissent « une sorte d'enfermement dans les contradictions de l'immanence et un appel d'air vers une transcendance[60] ». Cette

---

59. A. GOUNELLE et B. REYMOND, *En chemin avec Paul Tillich*, Münster, Lit Verlag, 2005, p. 90-91.
60. D. MÜLLER,, « Le football comme religion populaire et comme culture mondialisée : brèves notations en vue d'une interprétation critique d'une quasi-religion contemporaine », dans M. DUMAS, F. NAULT et L. PELLETIER (éd.), *Théologie et Culture. Hommage à Jean Richard*, Québec, Presses de l'Université de Laval, 2004, p. 299-314.

caractéristique-ci en fait des religions et cette caractéristique-là les limite au statut de quasi-religion.

Faire du Canadien une quasi-religion apparaîtrait rassurant à bien des égards, car il serait alors dispensé de renvoyer explicitement à une transcendance. Mais il faudrait encore qu'il apporte une réponse particulière à la question du sens de l'existence. Or, contrairement aux grandes idéologies citées par Tillich, le Canadien ne revendique pas ce rôle. Il ne se donne pas pour mission de réduire les injustices ni d'instaurer l'égalité entre les êtres humains. Il se présente « simplement » comme un club de hockey ou comme une entreprise qui vend du divertissement sportif. Mais ce faisant, il promeut des valeurs dont certains se servent pour construire leur vie. Ce sont par exemple le travail en équipe (chacun endosse le rôle que lui vaut son talent ou assume celui auquel l'oblige sa réputation), la nécessité de se surpasser (et la discipline que cela exige), mais aussi une sélection impitoyable (seuls les meilleurs sont admis chez le Canadien et seuls ceux qui donnent entière satisfaction peuvent y rester), une rétribution selon le mérite (la valeur d'un joueur dépend exclusivement de ses valeurs sportive et économique), une soumission aux lois du marché (même un joueur performant court le risque d'être brusquement échangé ou renvoyé), une légitimation de la violence (dans les limites autorisées ou juste un peu au-delà), etc.

Nous aurions volontiers ajouté à notre liste le goût de la victoire. Mais les dernières saisons du Canadien montrent qu'il doit surtout apprendre à gérer la défaite. C'est une valeur dont on sait l'utilité, en sport comme en société...

Quelle relation entre le sport et la religion ?

Si l'on admet que le sport est une religion – quel que soit le sens que l'on donne à ce terme –, il devient nécessaire de se demander comment il s'articule avec d'autres religions, qu'elles soient instituées, populaires, implicites, civiles, ou d'autres quasi-religions.

Nous envisageons tour à tour quatre modèles illustrant les relations possibles entre sport et religion. Nous les avons classés en fonction de l'étroitesse des liens qui lient l'un à l'autre : les deux premiers ne distinguent ni le sport de la religion, ni la religion du sport, alors que les deux derniers consacrent l'autonomie du sport et de la religion. Pour ne pas perdre notre objet de vue, nous appliquons chaque modèle aux relations du Canadien, l'organisation sportive qui nous intéresse, avec l'Église catholique, l'institution religieuse archi-majoritaire au Québec. Notons enfin que, quel que soit le modèle retenu, la question de l'articulation du couple sport-religion avec d'autres dimensions de la société – culture, politique, économie – reste ouverte.

Inclusivisme

Le premier modèle propose une relation où le sport et la religion sont inclus l'un dans l'autre, d'où l'appellation d'inclusiviste. Ce type de relation présente deux variantes, l'une où le sport est un aspect de la religion, l'autre où c'est la religion qui est un aspect du sport.

Que le sport soit un simple aspect de la religion, cela signifie qu'il se vit dans le cadre d'une religion, qu'il doit être cohérent et congruent avec les principes de cette religion.

Pour le croyant, il est une occasion d'affirmer publiquement sa foi (une confession dont l'impact est multiplié par la médiatisation dont bénéficient les événements spor-

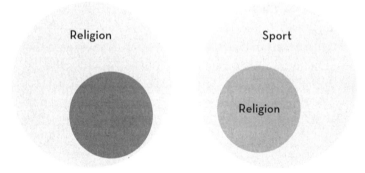

Figure 1: Inclusivisme

tifs), par des gestes explicites (faire un signe de croix à l'entrée de la patinoire, s'agenouiller pour prier sur la piste...), par le choix de ses vêtements (porter un foulard pour dissimuler ses cheveux sur un terrain ou sur un tatami, inscrire sur sa camisole « Jésus t'aime » et montrer l'inscription après avoir marqué un but) ou par le refus de pratiquer l'athlétisme le dimanche ou de jouer au hockey durant les fêtes juives, etc.

Pour les institutions religieuses, le sport devient alors souvent un outil pédagogique pour transmettre une religion, pour enseigner, apprendre et exercer le comportement qu'elle réclame ou promeut. Nous pensons ici en particulier aux jésuites et à leur éducation visant à former l'être humain dans sa totalité, corps, cœur, esprit et âme (*mens sana in corpore sano*), par la gymnastique d'abord, par le sport ensuite ; aux protestants américains et à leur concept de *Muscular Christianity*[61], dont sont notamment issues les salles de sport du *Young Men Christian Association*, et le

---

61. D. E. HALL (éd.), *Muscular Christianity : Embodying the Victorian Age*, Cambridge, Cambridge University Press, 1994. C. PUTNEY, *Muscular Christianity : Manhood and Sports in Protestant America, 1880-1920*, Harvard University Press, 2001.

basket-ball, inventé par le Canadien James Naismith, diplômé en théologie du collège presbytérien de l'Université McGill à Montréal; au pape Jean-Paul II – sa fin pathétique nous l'a fait oublier – qui «avait une piscine installée dans sa résidence, qui pratiquait le ski pour se détendre des exigences de son métier, [qui] tenta de fournir quelque leadership et quelques directions regardant l'Église et les sports, [... qui] délivra plusieurs enseignements significatifs à propos du sport[62]».

Mais à l'inverse, il est possible de faire de la religion un simple aspect du sport, de l'instrumentaliser pour en faire un outil au service d'un sport. Ainsi, Maradona attribuait à *la mano de Dios* le but qu'il marqua de la main contre l'Angleterre en quart de finale de la Coupe du Monde de football au Mexique en 1996[63]. Certains sportifs ne recourent à la religion qu'afin d'optimiser leurs performances. Ils prient comme ils s'entraînent, comme ils surveillent leur alimentation, comme ils se préparent psychiquement... ou comme ils se dopent. Mais plus profondément, les aspects religieux permettent à l'industrie du sport d'augmenter la légitimité de son produit – peu nombreux sont les athées ou les agnostiques qui ne croient pas aux dieux du stade – et surtout de fidéliser une clientèle, qui se rend au stade comme elle se rend, ou se rendait, à l'église, au temple, à la mosquée ou à la synagogue.

Ce premier modèle pourrait avoir du sens dans le contexte québécois. En effet, il se peut que l'Église catho-

62. M. P. KERRIGAN, «Sports and the Christian Life: Reflection on Pope John Paul II's Theology of Sports», dans S. J. HOFFMAN (éd.), *Sport and Religion*, Champaign, Human Kinetics Books, 1992, p. 253.
63. Images disponibles sur «maradona god hand» (15 janvier 2006). Page consultée le 29 novembre 2007 sur http://video.google.com/ videoplay?docid=5642299644828093290.

lique utilise – ou ait utilisé, car ce constat perd de sa pertinence depuis la Révolution tranquille – le Canadien à son profit. Quand les joueurs ou les entraîneurs du Canadien affirment leur foi ou leur attachement à l'Église catholique et la signifient publiquement – à l'image de Jean Béliveau, issu d'une « famille très catholique », de Jacques Demers et de ses pèlerinages à Sainte-Anne-de-Beaupré ou de Tomas Plekanec et son signe de croix à l'entrée de la patinoire –, celle-ci en retire évidemment un bénéfice. Elle devient plus crédible, elle échappe au stéréotype qui fait du christianisme la religion des perdants. L'Église catholique peut même convertir ce capital symbolique en argent, en obtenant par exemple qu'un joueur du Canadien participe à l'une de ses activités ou qu'il fasse don d'un objet (un maillot, un bâton, etc.) pour le vendre au profit de l'une de ses œuvres.

Mais en retour, le Canadien instrumentalise – ou a instrumentalisé, car il a moins besoin de cette reconnaissance dans le contexte actuel marqué par la sécularisation et la diversité religieuse – l'Église catholique, puisqu'il s'est vu ou se voit légitimé par l'autorité morale par excellence du Québec.

Que le cardinal Jean-Claude Turcotte assiste aux parties du Canadien, et que cela se sache, représente un exemple type de cet échange de bons procédés qui lie sport et religion. Il n'y a là que des gagnants. Le cardinal prend du plaisir à être assis au Centre Bell... et tant le Canadien que l'Église catholique tirent un bénéfice de sa présence.

Syncrétisme

Le syncrétisme représente le deuxième modèle que nous voulons prendre en compte. En christianisme, cette notion, définie comme «l'amalgame du christianisme et des religions traditionnelles[64]», est connotée péjorativement. Elle correspond à une «polémique théologique entretenue par ceux qui opposent un christianisme authentique et originel à un christianisme "syncrétiste" qui se serait constitué sous l'influence d'apports païens et qui, comme tel, se serait transmis jusqu'à l'époque présente[65]».

Mais, en suivant la définition classique – «fusion de deux ou plusieurs religions, de deux ou plusieurs cultes, en une seule formation religieuse ou cultuelle[66]» –, le syncrétisme correspond simplement, et de manière beaucoup plus neutre, à la confusion de deux entités (ici, le sport et la religion) conduisant à créer une nouvelle entité, qui n'est ni l'une ni l'autre, mais quelque chose d'autre avec cependant des traits spécifiques empruntés à l'un et à l'autre.

Religion + Sport

Figure 2 : Syncrétisme

64. P. CHANSON, «Syncrétisme», dans I. BRIA, P. CHANSON, J. GADILLE et M. SPINDLER (éd.), *Dictionnaire œcuménique de missiologie. Cent mots pour la mission*, Genève, Labor et Fides, 2001, p. 329-334.
65. D. SABATUCCI, «Syncrétisme», *Encyclopædia Universalis*. Page consultée le 5 avril 2008 sur http://www.universalis.fr/corpus2-encyclopedie/117/0/p171551/encyclopedie/syncretisme.htm.
66. *Idem*.

Dans une perspective syncrétiste, le sport et la religion sont totalement confondus, créant une nouvelle entité, une véritable, authentique et originale religion du sport. Les Jeux olympiques nous semblent représenter l'exemple le plus abouti de ce syncrétisme. Pierre de Coubertin, qui n'a jamais caché que l'Olympisme était avant tout une religion, c'est-à-dire une « adhésion à un idéal de vie supérieur, d'aspiration au perfectionnement[67] », et ses successeurs à la tête du Comité international olympique ont certes créé une nouvelle religion sur la base d'éléments (croyances, symboles, termes, rites, etc.) empruntés aux religions gréco-romaine, judéo-chrétienne, germano-scandinave – peut-être aussi, au fil du temps, à d'autres moins occidentales –, en les réorganisant, les réinterprétant, les adaptant et les complétant en fonction du contexte et de l'objectif propre des Jeux. Mais ils ont en même temps créé un nouveau sport, différent de tout ce qui s'était fait auparavant : un sport plus national – tous les athlètes dans toutes les disciplines concourent pour leur drapeau, avec le maillot de leur pays – et plus rituel – à voir les cérémonies d'ouverture et de clôture, les remises des médailles, etc. Ils ont aussi contribué à faire évoluer le sport (les sports olympiques jouissent d'un prestige et de sources de financement que les autres sports n'ont pas) et les sports, qui doivent s'adapter au format des Jeux olympiques.

Malgré son mérite, nous trouvons peu plausible que ce modèle puisse servir à qualifier les relations entre le Canadien et l'Église catholique. Ni le catholicisme

---

67. « Pierre de Coubertin », 2008. Page consultée le 16 juin 2008, sur http://www.olympic.org/fr/passion/museum/permanent/coubertin/index_fr.asp.

québécois ni le hockey du Canadien ne nous paraissent suffisamment singuliers pour permettre d'affirmer qu'ils auraient fusionné pour créer une nouvelle forme de «religion sportive».

Dimorphisme

La troisième manière de mettre en relation sport et religion serait d'envisager ce que l'historien Cornelius Jaenen a appelé le «dimorphisme». Parlant des réponses que les Amérindiens adressèrent aux missionnaires chrétiens venus leur apporter le christianisme, il expliquait «comment un membre des Premières Nations pouvait adhérer à la fois à la nouvelle religion et au système de croyances traditionnel». Parmi une typologie de huit réponses possibles, du «rejet agressif» à «l'acceptation complète», «la majorité des prétendus convertis a répondu par un "dimorphisme religieux", qui est le fait d'accepter en même temps à la fois les anciennes manières [*ways*] et la nouvelle religion, chacune étant séparée et utilisée selon les circonstances et les besoins[68]».

Si le syncrétisme revient à confondre le sport et la religion, le dimorphisme au contraire «maintient une "compartimentalisation", particulièrement quand les croyances sont mutuellement contradictoires[69]». Le dimorphisme permet donc de choisir, parmi les croyances de l'une ou

---

68. W. C. JAMES, «Dimorphs and cobblers: Ways of being religious in Canada», *Studies in Religion/Sciences Religieuses*, 28 (3), 1999, p. 4-5. Il cite C. JAENEN, «Amerindian responses to French missionary intrusion, 1611-1760: A categorization», dans William WESTFALL, Louis ROUSSEAU et coll. (éd.), *Religion/Culture: Comparative Canadian Studies/Études canadiennes comparées*, Canadian Issues, 7, Ottawa, Association for Canadian Studies, 1985, p. 192.
69. W. C. JAMES, «Dimorphs and cobblers», p. 4-5.

l'autre religion, celles qui permettront d'affronter la vie et de faire face aux situations.

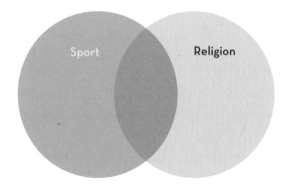

Figure 3 : Dimorphisme

Dans un modèle dimorphique, le sport et la religion ne sont plus confondus. Ils restent distincts, séparés, mais ils sont articulés. Pour que le dimorphisme soit possible, il faut au moins qu'existe – condition *sine qua non* – une zone commune entre les deux religions. Sa taille peut varier. Les points communs peuvent être rares ou plus nombreux, mais ils doivent exister. Et c'est sur ces fondements que peuvent se déployer les croyances diverses et même contradictoires.

Le dimorphisme entre le sport et la religion pourrait par exemple présupposer une espérance commune aux deux cultures ou une croyance partagée en un Destin ou en une Providence. Ce point commun permettrait d'adhérer à l'un et l'autre et de réconcilier des valeurs antagonistes. L'adepte du dimorphisme entre le sport et la religion pourrait ainsi tout à la fois – sans tomber dans la schizophrénie ! – réaliser son besoin d'amour et libérer sa pulsion de violence. Soulignons, c'est important, que nous laissons ouverte la question de la répartition de l'amour et de la violence dans l'une ou l'autre religion : certains se défouleront dans un stade et aimeront à l'église, mais d'autres exerceront leur violence dans la religion et leur solidarité dans le sport... Le modèle dimorphique nous paraît être adéquat pour exprimer les relations entre l'Église catholique et le Canadien, car il permet tout à la fois de prendre acte des différences évidentes entre les deux religions et de comprendre les valeurs qu'ils ont en commun.

Culturellement, c'est sans aucun doute l'aspect francophone que partagent le club de hockey et l'institution religieuse. Ils ont tous deux réussi – alors même que le Canadien est une organisation biculturelle dès sa fondation et que le protestantisme arrive au Québec avec les tout premiers explorateurs et colons français – à s'imposer comme les deux incarnations du Québec, comme culture distincte en Amérique du Nord.

Théologiquement, malgré le surnom de « Glorieux » qui qualifie le Canadien, malgré les indéniables succès des deux religions, c'est autour du Vendredi Saint que nous situerions leur point de rencontre. Elles se retrouvent en effet dans un dolorisme, incarné tant dans la devise du Canadien – ce sont des bras meurtris qui tendent le flambeau – que dans les crucifix des églises catholiques – c'est un Christ torturé qui offre son salut.

Mais sur ce fond commun, les deux religions proposent des croyances différentes, qui peuvent toutefois s'avérer complémentaires. Le partisan du Canadien qui serait aussi un adepte de l'Église catholique pourrait ainsi profiter des avantages de l'une et l'autre de ses deux religions, en fonction du contexte et de ses besoins. En bricolant sa propre religion, en ajoutant les forces de l'une et de l'autre, il pourrait contourner leurs faiblesses réciproques et s'éviter de devoir respecter les contraintes qui le dérangent. Il pourrait par exemple se référer à sa religion du Canadien dans sa vie professionnelle pour justifier son désir de se battre, de s'imposer, même aux dépens des autres, et se référer à sa religion catholique pour justifier son besoin de pardonner ou d'être pardonné. Pour éviter la schizophrénie, il pourrait se référer aux deux religions, lorsqu'il se sacrifie pour le bien de son équipe ou de sa communauté.

Exclusivisme

Enfin, la religion et le sport pourraient aussi n'avoir aucun point de rencontre. Une telle position, radicalement exclusiviste, obligerait chacun à choisir entre le sport et la religion.

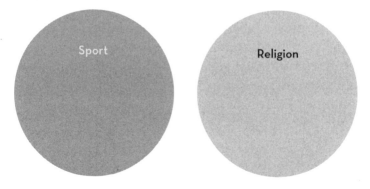

Figure 4 : Exclusivisme

Ainsi, dans son œuvre littéraire, Montherlant exclut la religion – en l'occurrence le christianisme – au nom de sa conception du sport. Pour cet auteur, la morale du christianisme est une morale des faibles, des médiocres et des revanchards : « Comme le Christ qu'elle s'est choisie, si l'humanité est crucifiée, c'est qu'elle le veut bien. Et tu peux toujours lui crier, comme avec bon sens les pharisiens : "Tu n'as qu'à descendre de ta croix[70]".» Il lui oppose la morale du sport, une morale des vainqueurs qui peuvent se permettre la générosité. «À l'intérieur de la force, il y a place pour tout : les reculades, l'oubli, la gentillesse, la charité, les nerfs, les toxines, les vertiges... Et tout cela, dangereux sans la force, avec elle devient excellent. À l'intérieur de la force est le rire. À l'intérieur de la force est le jeu. À l'intérieur de la force est la liberté. Celui qui connaît sa force connaît le paradis[71].» Montherlant tend à faire du sport la vraie religion : «Les partants du 500 [mètres ; une course] se mettent en place. Peyrony sautille, avec un visage grave, aux paupières baissées, de garçon qui se rend à la table de communion. Oui, c'est cela, une dignité de jeune officiant : ce qui est naturel puisque sa religion est ici. Et son corps dans tous ses détails, tout ce qui le touche, sont de qualité supérieure, comme il convient à ce qui approche d'un autel[72].»

La différentiation radicale du sport et de la religion et leur autonomisation peuvent avoir deux effets contraires : supprimer le divin au nom des capacités de l'humain ou réintroduire un divin que devient l'humain transcendé. «Toute la question sera de savoir comment est conçu au cours du temps ce pouvoir, et son partage entre l'humain et le divin, pouvoir surhumain donné par les dieux, donc divin, ou pouvoir créé par l'homme, donc humain[73].» C'est

---

70. H. de MONTHERLANT, *Les Olympiques*, Paris, Gallimard, 1954, p. 147.

71. *Ibid.*, p. 148.

72. *Ibid.*, p. 138. Pour une appréciation des valeurs sportives et religieuses chez Montherlant : R. MEUNIER, «La conception religieuse du sport chez H. de Montherlant», dans G. ANDREU (éd.), *Sports, arts et religions*, Paris, Éditions C.R. Staps, 1988, p. 40-46.

73. R. GARASSINO, «Les demi-dieux du stade», dans C. GENZLING (éd.), *Le corps surnaturel. Les sports entre science et conscience*, Paris, Autrement, Sciences en société, 1992, p. 67.

dans ce modèle et dans cette perspective que le sport devient alors un rival pour la religion, qui l'a souvent perçu comme une menace pour sa Transcendance, son Dieu ou ses Dieux, son Ultime, son Sacré, etc.

De son côté, la religion a cherché – ou plutôt certaines religions ou certaines tendances dans les religions ont cherché – à exclure le sport, parce qu'elle le jugeait idolâtre. Ainsi, si l'hellénisme a toujours promu le sport, le judaïsme s'est longtemps montré réservé à son égard. Les Grecs prônaient l'idéal de la beauté, la nudité de l'athlète imposée et glorifiée par l'olympisme, l'intégralité du corps. Mais les juifs privilégiaient l'idéal de la pureté, la nudité vécue dans la honte de la Genèse et la circoncision. Cependant, il nous faut aussitôt ajouter qu'au XIIᵉ siècle, dans son *Traité des aphorismes médicaux de Moïse* et dans son *Traité de conservation de la santé*, le rabbi Moshé ben Maimon, plus connu sous le nom de Maïmonide, soulignait « le rôle bénéfique des exercices physiques dans l'équilibre des fonctions générales de l'organisme[74] ».

Le christianisme a parfois partagé les réticences de son aîné en religion. Dans ses tendances les plus rigoristes, toujours restées marginales, il lui est arrivé de condamner le sport en des termes très sévères. Au début du IIIᵉ siècle, Tertullien, un Père de l'Église, prévenait les croyants :

> Là où il y a plaisir, il y a passion ; autrement le plaisir serait insipide. Là où il y a passion, arrive aussi la jalousie ; autrement la passion serait insipide. [...] Avouez aussi avec moi qu'il est indigne de vous de regarder ce qui se passe dans le stade, les coups de pied, les coups de poing, les soufflets et les mille insolences qui dégradent la majesté de l'homme,

---

74. J. TALMUD, « La formation médicale de Maïmonide et son actualité au regard de l'activité physique et de la santé », *Histoire des sciences médicales*, 40 (1), 2006, p. 73-82.

image de Dieu. Vous ne parviendrez jamais à approuver ces courses insensées, ces efforts pour lancer le disque, et ces sauts non moins extravagants ; jamais vous ne louerez cette vigueur inutile ou fatale, encore moins cette science qui travaille à nous donner un corps nouveau, comme pour réformer l'œuvre de Dieu. Non, non, vous haïrez ces hommes que l'on n'engraisse que pour amuser l'oisiveté des Grecs. La lutte est une invention du démon[75].

Pour sa part, jamais en reste d'une polémique, jamais avare d'un bon mot, saint Jean Chrysostome, évêque de Constantinople au IVe siècle, aurait qualifié de « satanodrome » l'hippodrome de sa ville ! Et de manière plus contemporaine, la crainte du sport reste perceptible quand un responsable religieux regrette qu'un enfant sportif manque une rencontre de catéchèse en raison d'un entraînement ou d'une rencontre, alors qu'il se montre plus disposé à accepter qu'un jeune musicien rate la même activité pour cause de répétition ou de concert.

Il y a sans doute eu des intégristes des deux côtés pour condamner le Canadien au nom du catholicisme ou le catholicisme au nom du Canadien. À dire vrai, nous n'en savons strictement rien ! Mais il nous semble que, de manière générale, le Canadien et l'Église catholique ont vécu en bonne entente. Les deux principales institutions du Québec auraient sans doute couru trop de risques à s'affronter. Ce qui explique sans doute pourquoi le Canadien ne profite pas dans sa communication du caractère religieux que lui prête la société québécoise.

75. TERTULLIEN, « Contre les spectacles », 198, XV et XVIII. Page consultée le 16 juin 2008, sur http://www.clerus.org/clerus/dati/2004-05/26-6/TERTU_14.html.

Références

BAILEY, E. I., « La religion implicite et son réseau d'études. Introduction et présentation », *Religiologiques*, 14, 1996, p. 15-35.

BASSET, J.-C., et P. GISEL, « Religion et religions », dans P. GISEL (éd.), *Encyclopédie du protestantisme*, Genève, Labor et Fides, 1995, p. 1295-1317.

BELLAH, R. N., « Civil Religion in America », *Daedalus*, 96, 1967, p. 1-21.

BLACK, F., *Habitants et Glorieux. Les Canadiens de 1909 à 1960*, Laval, Mille Îles, 1997.

BROMBERGER, C., A. HAYOT et coll., « Allez l'O.M. ! Forza Juve! », *Terrain*, 8, 1987, p. 8-41.

CAMPICHE, R., « Religion civile », dans P. GISEL (éd.), *Encyclopédie du protestantisme*, Genève, Labor et Fides, 1995, p. 1318.

Canadiens.com. Page consultée le 2 juin 2008, sur http://canadiens.nhl.com/fr/index.html.

CHABOT, J.-F., « Le match le plus sombre de l'histoire », publié en 2003. Page consultée le 2 juin 2008, sur http://www.radio-canada.ca/Sportsv1/matchsdesanciens/nouvelles/200304/09/001-VendrediSaint.asp.

CHANSON, P., « Syncrétisme », dans I. BRIA, P. CHANSON, J. GADILLE et M. SPINDLER (éd.), *Dictionnaire œcuménique de missiologie. Cent mots pour la mission*, Genève, Labor et Fides, 2001, p. 329-334.

ÉMOND, B., « Essai d'interprétation religieuse du hockey », *Brèches*, 1, 1973, p. 80-89.

ENCYCLOPÆDIA BRITANNICA, « Religion », *Encyclopædia Britannica Online*. Page consultée le 1er avril 2008 sur http://search.eb.com/eb/article-9063138.

EVANS, C. H., «Baseball as Civil Religion: The Genesis of an American Creation Story», dans Christopher H. EVANS et William R. HERZOG II (éd.), *The Faith of 50 million. Baseball, Religion and American Culture*, Louisville, Westminster John Knox Press, 2002, p. 14-33.

EVANS, C. H., «The Kingdom of Baseball in America. The Chronicle of an American Theology», dans Christopher H. EVANS et William R. HERZOG II (éd.), *The Faith of 50 million. Baseball, Religion and American Culture*, Louisville, Westminster John Knox Press, 2002, p. 35-48.

EVANS, C. H. et William R. HERZOG II (éd.), *The Faith of 50 million. Baseball, Religion and American Culture*, Louisville, Westminster John Knox Press, 2002.

FLIPO, J.-P., «L'Église: une organisation comme une autre?», dans O. BAUER et F. MOSER (éd.), *Les Églises au risque de la visibilité*, Lausanne, Institut romand de pastorale, 2003, p. 3.

FREUD, S., *L'avenir d'une illusion*, Paris, Presses Universitaires de France, 1999.

GARASSINO, R., «Les demi-dieux du stade», dans C. GENZLING (éd.), *Le corps surnaturé. Les sports entre science et conscience*, Paris, Autrement, Sciences en société, 1992, p. 63-75.

GOUNELLE, A., et B. REYMOND, *En chemin avec Paul Tillich*, Münster, Lit Verlag, 2005.

HALDAS, G., *La légende du football*, Lausanne, L'Âge d'Homme, 1989.

HALL, D. E. (éd.), *Muscular Christianity: Embodying the Victorian Age*, Cambridge, Cambridge University Press, 1994.

JAMES, W. C., «Dimorphs and cobblers: Ways of being religious in Canada», *Studies in Religion/Sciences Religieuses*, 28 (3), 1999.

KERRIGAN, M. P., « Sports and the Christian Life : Reflection on Pope John Paul II's Theology of Sports », dans S. J. HOFFMAN (éd.), *Sport and Religion*, Champaign, Human Kinetics Books, 1992, p. 253-259.

« La Bataille Générale Canadiens-Nordiques du Vendredi Saint » (1984). Page consultée le 2 juin 2008 sur http ://www.youtube.com/watch ?v=hqsVXIhwAzA.

MAÎTRE, J., « Religion - la religion populaire », dans *Encyclopædia Universalis*. Page consultée le 5 avril 2008 sur http://www.universalis.fr/corpus2-encyclopedie/117/0/p152481/encyclopedie/religion_la_religion_populaire.htm.

« maradona god hand » (15 janvier 2006). Page consultée le 29 novembre 2007 sur http ://video.google.com/videoplay ? docid=5642299644828093290.

MARX, K., *Contribution à la critique de La philosophie du droit de Hegel*, 1843. Arles, Éditions Allia, 1998 (1843[1]).

MCKIM, D. K., « "Matty" and "Ol'Pete" : Divergent American Heroes », dans C. H. EVANS et W. R. HERZOG II (éd.), *The Faith of 50 million. Baseball, Religion and American Culture*, Louisville, Westminster John Knox Press, 2002, p. 51-81.

MÉNARD, G., *Petit traité de la vraie religion*, Paris, Téraèdre, 2006.

MONTHERLANT, H. de, *Les Olympiques*, Paris, Gallimard, 1954.

MÜLLER, D., « Le football comme religion populaire et comme culture mondialisée : brèves notations en vue d'une interprétation critique d'une quasi-religion contemporaine », dans M. DUMAS, F. NAULT et L. PELLETIER (éd.), *Théologie et Culture. Hommage à Jean Richard*, Québec, Presses de l'Université de Laval, 2004, p. 299-314.

PHILADELPHIA FLYERS, « Reserve your Playoff Tickets ! », 2008. Page consultée le 15 avril 2008, sur http ://flyers.nhl.com/.

«Pierre de Coubertin», 2008. Page consultée le 16 juin 2008, sur http://www.olympic.org/fr/passion/museum/permanent/coubertin/index_fr.asp.

PUTNEY, C., *Muscular Christianity: Manhood and Sports in Protestant America, 1880-1920*, Harvard University Press, 2001.

SABATUCCI, D., «Syncrétisme», dans *Encyclopædia Universalis*. Page consultée le 5 avril 2008 sur http://www.universalis.fr/corpus2-encyclopedie/117/0/r171551/encyclopedie/syncretisme.htm.

SINCLAIR-FAULKNER, T., «A Puckish Reflection on Religion in Canada», dans P. SLATER (éd.), *Religion and Culture in Canada*, Waterloo, Wilfrid Laurier University Press, 1977, p. 383-405.

TALMUD, J., «La formation médicale de Maïmonide et son actualité au regard de l'activité physique et de la santé», *Histoire des sciences médicales*, 40 (1), 2006, p. 73-82.

TERTULLIEN, «Contre les spectacles», 198. Page consultée le 16 juin 2008, sur http://www.clerus.org/clerus/dati/2004-05/26-6/TERTU_14.html.

3

« La religion du Canadien » : un leadership en question

JEAN-MARC BARREAU

Faculté de théologie et de sciences des religions,
Université de Montréal

« La religion du Canadien » ! Oser se prononcer sur une réalité aussi sensible pour le Québec et la ville de Montréal[1] ressemble à la démarche délicate d'un chirurgien qui tente une opération à cœur ouvert. Sauf que nous ne sommes pas médecin et ne suspectons pas le Canada français d'être proche de l'infarctus. Pourtant, la métaphore du corps humain nous parle bien, puisque « la religion du Canadien » concerne et le phénomène religieux et celui du sport : deux lieux où le corps est en même temps meurtri et divinisé. À tel point que nous entendons les commentateurs sportifs emprunter aux religieux les termes de leur liturgie. Le sport devient alors le lieu où le

---

1. « Mais dans cet immense réservoir d'un million de fidèles, il s'y retrouve quelques intégristes. Des pétés qui ne tolèrent aucune critique ou aucune remise en question de la parole divine. On dirait les caricatures de Mahomet qui ont mis à feu et à sang quelques ambassades dans les villes d'Europe. Les intégristes n'ont pas le sens de l'humour. Gainey et le CH sont devenus sacrés. » Réjean TREMBLAY, « Pourtant je n'ai rien écrit... », dans *La Presse* (chronique), Montréal, le vendredi 29 février 2008.

corps est «crucifié», dans la célébration d'une «grand-messe» qui rejoue «l'antique sacrifice». Le Québec lui-même peut être dépeint comme un corps. Et on ne peut fêter les cent ans du Canadien sans penser aux quatre cents ans de la fondation de Québec. Innervé par le fleuve Saint-Laurent, ce corps du Québec est riche et complexe. Avec ses organes, sa mémoire propre et ses amnésies, son vécu et ses dysfonctionnements, ses crises de croissance, ses ramifications...! Deux nerfs centraux le traversent et commandent sa motricité: «la religion» et «le Canadien».

Pourtant, leur proximité est grande quand ils innervent le cou de ce géant nord-américain pour transmettre de la tête aux membres les influx nécessaires à la kinesthésie du corps tout entier. Et là, nous abordons la question du leadership. Question particulièrement récurrente. Dans l'Église, c'est pour constater sa quasi-disparition. Dans le hockey du Canadien, c'est pour lire par exemple de la main de Jean-François Bégin, le lendemain de la cérémonie de retrait du chandail de Bob Gainey: «Parmi tous les joueurs qui ont porté les couleurs du Canadien, rares sont ceux qui l'ont fait avec autant d'abandon que Gainey, ou qui ont fait preuve d'un aussi grand leadership. Ça ne se comptabilise pas en buts et en passes, mais c'est aussi précieux, sinon plus[2].»

Le leadership est la manière dont le leader exerce son autorité, un peu à la façon dont les influx sont envoyés par les nerfs dans le corps entier.

Le leadership de «la religion» est lié à une histoire encore bien présente, et dont la perception est souvent

---

2. Jean-François Bégin, *La Presse* (chronique), Montréal, le dimanche 24 février 2008.

déformée. Trop religieux et mal religieux durant des décennies et plus encore, ce leadership est en crise. Mais que dire de celui du « Canadien » ? Est-il prophétique d'une ère nouvelle postmoderne, porteuse d'une nouvelle religiosité, celle du Canadien ? Nous le croyons, mais par respect pour ses fondateurs, il nous faut en expliquer l'émergence. C'est là une question d'inculturation, d'amour du sport et du hockey ! Et c'est aussi une question d'honnêteté intellectuelle, car comment parler du leadership religieux au sein du Temple de la renommée, si nous ne posons pas auparavant sa pierre de fondation, qui est l'avènement du sport comme phénomène religieux ! Nous ne voudrions pas recevoir les mêmes critiques que celles adressées par un Jean-Claude Guillebaud à l'encontre de Drewermann : « À la démarche théologique abusivement différentialiste d'un Drewermann, on préférera celle, plus exigeante, mais aussi plus équilibrée, que constitue la théologie dite de l'inculturation[3]. »

L'inculturation : c'est donc la question du leadership de « la religion du Canadien » qu'il nous faudra progressivement distinguer de celui de l'*Homo Sportivus*[4]. Pas forcément un héros, le leader religieux du Canadien est-il le célébrant de la grand-messe, ou simplement son acolyte ? Komisarek le suggère quand il commente l'émergence des deux jeunes gardiens de but du Canadien : « On parle souvent de la présence nécessaire d'un vétéran pour appuyer un jeune gardien [...]. Mais [pour Price, et Halak,] c'est Roland Melançon. Il travaille sur les détails avec eux. C'est

3. Jean-Claude GUILLEBAUD, *La refondation du monde*, Paris, Seuil, 1999, p. 414.
4. Le concept *Homo Sportivus* est développé par Philippe SIMONNOT, *Homo Sportivus*, Paris, Gallimard, 1988, p. 8.

un peu leur acolyte et leur mentor[5].» N'est-ce pas réducteur de la vocation du leader ?

Les Glorieux

Le mardi 19 février 2008, la remontée spectaculaire du Canadien contre les Rangers de New York constitue un fait unique dans 100 ans d'histoire du Canadien. Au début de la deuxième période, les Rangers mènent 5 à 0. Michael Ryder, Alex Kovalev et Saku Koivu sont les véritables héros de la soirée. Le plongeon de Kovalev survenu à 15 minutes et 38 secondes de la troisième période suscite une scène de transfiguration pour nos «Glorieux». Pourtant, les partisans sont bien loin de penser à cet évangile du deuxième dimanche de Carême, lu il y a deux jours seulement dans nos églises désertes du Québec.

Une scène de lumière où les 21 273 partisans survoltés, éblouis par cette vision, debout, et comme transportés, veulent éterniser ce moment dans le Centre Bell. Vont-ils y dresser trois tentes : une pour Moïse, l'autre pour «Kovy» le prophète, et la dernière pour le Sauveur ? Où se situe le leader ? La question est là, car beaucoup pensent que cette année, il s'agit du patriarche russe avec ses deux auxiliaires, mais que faisons-nous alors de Moïse et surtout du Sauveur ? Est-ce le prophète qui définit le mieux un leader ? Le héros cristallise les trois, mais le leader, où se situe-t-il ? Nous le verrons. Ce soir-là, plus rien n'arrête le Canadien, et les Rangers sont comme paralysés. Le Canadien enflamme des feux de sa victoire le «saint temple» de sa gloire.

---

5. Marc Antoine GODIN, *La Presse* (chronique), Montréal, le jeudi 28 février 2008.

La naissance de l'*Homo Sportivus*

L'histoire est nécessaire pour rendre compte première-
ment de l'émergence de cette religion de l'*Homo Sportivus*.
Elle est nécessaire aussi pour en définir les leaders et voir
comment ceux de « la religion du Canadien » en émergent
et s'en distinguent. Pour cela, il nous faut jouer avec les
analogies, et surfer sur plusieurs vagues. Nous en distinguons quatre[6] :

- La première consiste à appréhender le sport moderne
  par son projet politique, comme on comprend l'économie comme une économie politique.
- La deuxième vague consiste à reconnaître que les deux
  sciences ont le même fondement. Un fondement issu
  d'un même projet de réforme sociale, celui de gouverner les hommes autrement que par la force, mais
  par la promesse d'un idéal paradisiaque.
- La troisième est au cœur de notre préoccupation : elle
  est le moment où l'économie glisse vers une dimension
  religieuse. C'est ce point précis qui conduira à la religion de l'*Homo Sportivus* et à l'émergence de ses leaders
  religieux.
- Et pour ce faire, il faut poser une quatrième vague, celle
  de la substitution de l'économie par le sport. Car non
  seulement l'argent s'est emparé du sport, mais le sport
  lui-même a squatté le capital et est ainsi devenu progressivement, dès la fin du XIXᵉ siècle et jusqu'au début
  de ce troisième millénaire, le moteur de la société. •

La fondation de Ville-Marie date du XVIIᵉ siècle sombre
et nihiliste, et ce siècle est bien plus proche de nous que

---

6. Voir SIMONNOT, *op. cit.*, p. 21-41.

nous avons conscience d'être proches de lui. Car dans les deux cas, le « moi » est soit méprisable à cause de Pascal, soit exalté par Freud. Le philosophe affirmait que les hommes étant ce qu'ils sont, c'est-à-dire congénitalement méchants, ils ne peuvent être gouvernés que par la force, laquelle se fait gardienne de la justice. Belle philosophie, n'est-ce pas ?

Toutefois, et c'est la leçon de Montesquieu et de Smith, la ruse de l'honneur, ou celle de l'intérêt, ou celle de la raison pour Hegel, peut faire converger toutes ces méchancetés vers le bien commun. Et c'est là le fondement de notre seconde vague.

Mais qu'auraient dit ces intellectuels devant les irréductibles Jonathan Roy et père[7] ? Ce principe est pourtant d'une actualité déconcertante. Il suffit, pour nous en convaincre, de laisser la parole à un passionné du Canadien : « Je sais que certains intellos, minoritaires cependant, ceux-là qui jettent un regard hautain sur le hockey, ridiculisent cette passion, sarcastiques devant le bonheur collectif que suscitent les succès du Canadien. Donnez du pain et des jeux au petit peuple, disent-ils. Ils ne comprennent rien. Il faut y voir un simple divertissement par rapport aux obligations quotidiennes. Un exutoire temporaire qui permet de s'éclater quelque peu. La preuve ? Le mardi 19 février 2008, vers 22 h, 1 223 000 Québécois, heureux et étonnés, ont fermé le téléviseur et bien dormi. Mercredi matin, des dizaines de milliers d'autres, qui avaient baissé les bras à 0-5 ou à 2-5, ont appris par la radio ou les journaux le retour miraculeux. Je n'aime pas le slogan *La ville est Hockey*, mais cette ville n'en a que pour le hockey. Deux jours plus tard, quel était le sujet de conversation dans tous

7. Réjean TREMBLAY, « Comment défendre Patrick Roy ? », *La Presse* (chronique), Montréal, le mardi 25 mars 2008.

les abreuvoirs du voisinage, comme disait notre ami Rocky Brisebois ? Le Grand Retour[8]. »

On le comprend bien, le mépris du « moi » comme son exaltation aujourd'hui servent l'économie politique. Car le citoyen, anémié de valeurs humaines et religieuses perdues, ne peut que fuir vers un mirage, celui d'une consommation à outrance, une sorte d'exaltation du corps économique, du corps dans son opacité.

Reste à comprendre comment cette économie, avant d'être devenue sportive, s'est reconnue comme religieuse. Une troisième vague ou un troisième niveau qu'il nous faut bien intégrer dans cette architecture[9].

La théorie de « la main invisible[10] » posée par Adam Smith en est le fondement. Cette main invisible devient providence divine avec les philosophes des lumières. Fondamentalisme caractéristique de la théologie de l'époque, cette main qui, dans notre langage québécois sera appelée « l'œil de Dieu », donne raison à l'ingérence divine excessive dans le temporel. Et puisque celui-ci devient une économie sportive, la quatrième vague, le sport devient lui-même matière où Dieu se révèle, où Dieu parle. Il y canalise ou efface la méchanceté humaine, voire le péché. Péché expié par le sens du sacrifice, de la souffrance et des mises en échec de nos Canadiens.

Le sport devient le lieu où Dieu bénit son peuple, où celui-ci vérifie s'il est damné ou gracié. Il devient le lieu où l'on mérite la grâce préternaturelle obtenue à la sueur du front d'un Kovalev ou de l'engouement des partisans. Il

---

8. Pierre TRUDEL, « Quand le Canadien sème le bonheur », *La Presse*, Montréal, le vendredi 22 février 2008.

9. Voir SIMONNOT, *op. cit.*, p. 38.

10. Joseph E. STIGLITZ, *Quand le capitalisme perd la tête*, Paris, Fayard, 2003, p. 456.

devient le lieu de l'incarnation du paradis terrestre offert par les Glorieux à ses partisans. Le CH semble donc le sanctuaire où naissent les leaders du Nouveau Monde, ceux du Québec moderne. Mais nous le verrons, ils peuvent être plus que cela.

Coubertin, premier leader de l'*Homo Sportivus*

La première vague charrie le sport comme économie politique, la quatrième le dépose à nos pieds comme religion. Pierre Frédy, le Baron de Coubertin, a constaté la première et ré-initié la quatrième après une parenthèse de quinze siècles[11].

Il faut nous y arrêter, car Coubertin sera le grand prêtre de qui Bob Gainey recevra l'onction royale. Et on ne peut comprendre le second sans saisir le premier. Pour Coubertin, l'économie politique, implicite de Montesquieu et explicite d'Adam Smith, est centrale dans sa réflexion. Avec la morale pascalienne en toile de fond. L'idéologie qu'il va ainsi mettre en place comporte les deux temps distingués dans l'économie libérale. Le temps de Montesquieu et celui de Smith. Le sport, comme le commerce, est censé adoucir les mœurs. D'autre part, les sportifs, conduits par la main invisible, œuvrent au bien commun, en assurant la paix sociale et en contribuant efficacement à la paix internationale[12].

Que cette main soit celle de Coubertin, de Bob Gainey ou de Dieu, peu importe, nous avons compris, ce sont les mêmes, mais en des époques différentes. Le Baron a une foi sans faille dans cette religion du sport. Car Dieu est mort et laisse place à l'ancien dieu Olympe débarrassé de

---

11. Voir SIMONNOT, *op. cit.*, p. 33.
12. Voir *Ibid.*, p. 34.

ses artifices gréco-romains et mis au goût du jour. Une nouvelle église est née avec ses dogmes, sa hiérarchie pyramidale, ses différentes fédérations. Un nouveau calendrier liturgique fixant à tous les quatre ans la grand-messe. Et ceci, pour l'éternité. La quatrième année de chaque cycle est olympique, avec ou sans jeux. À partir de 1896, l'histoire du monde est scandée par le cycle des olympiades superposé au calendrier grégorien. Mais ce qu'il faut bien voir, c'est que la naissance de cette nouvelle institution est liée à une urgence, celle d'une société en recherche d'identité, et nous retrouverons la même dynamique pour le Canadien de Montréal.

Le Baron dira : « Il est certain que le temps présent a besoin du sport[13]. » Oui, il était grand temps, puisque la mort de Dieu, au xixᵉ siècle de la révolution industrielle et du scientisme militant, donne naissance à une véritable école de diablerie. Flaubert et Nietzsche en témoigneront par leurs écrits. Et le Québec en sera forcément éclaboussé.

Il revient donc à Coubertin, à l'aube du xxᵉ siècle, de récupérer et d'endiguer ce paganisme débondé en renouant avec les antiques olympiques gréco-romaines. *Homo Sportivus* ne se contente pas de suppléer aux défaillances de la société. Il a un projet beaucoup plus large et ambitieux. Il présentera sa charte en termes religieux, car c'est de religion dont la foule, veuve de Dieu, a besoin. Nous assistons à la naissance de la *religio athletæ*[14] et de ses leaders.

En fait, deux points sont particulièrement actuels dans la religion de Coubertin. Ils nous dévoilent la fonction du leader dans cette religion de substitution :

---

13. *Ibid.*, p. 84.
14. Voir *Ibid.*, p. 87.

- Le premier, applicable à la notion de leader en général, consiste à reconnaître que le propre du leader est d'offrir au peuple un idéal qui unit la communauté humaine.

- Le second, et ceci est propre à la religion du sport, offre les deux conditions du «monopole immatériel» de cette économie sportive basée sur le commerce de l'émotion collective!

La première condition du monopole est que le C.I.O. est une institution de droit privé qui dispose d'une réalité presque immatérielle et qui, de ce fait, est intouchable et donc infiniment désirable: la flamme olympique. C'est ce désirable inatteignable qui suscite l'engouement et la véhémence des passions, de l'espoir au désespoir, du désir à l'attente...!

La seconde condition est que ce monopole est offert à la planète entière, alors conviée à l'exploitation de ce trafic monopolistique de l'église olympique. Et là, il rejoint le premier des deux points caractéristiques de la religion de Coubertin.

Cette nouvelle religion engendre donc des leaders ou des tyrans qui proposent à l'humanité entière de communier à un pain irréaliste, inconsommable, mais ô combien toujours désirable. Il s'agit de susciter le désir pour gouverner de façon machiavélique. Le même désir inconscient que celui qui traverse l'Ancien et le Nouveau Testament de la révélation judéo-chrétienne depuis l'histoire d'Adam et Ève, celui du paradis terrestre, de la jouissance de ses grâces préternaturelles. D'un monde sans rédempteur autre que «Jesus Price».

Ainsi, nous pouvons rendre compte et saisir la logique des salaires faramineux offerts à nos joueurs et sommes tentés de laisser de côté les questions éthiques. Pourtant, peut-on encore être sportif en gagnant des millions et des millions ? Quel sens trouver à la compétition, et même à la vie tout court, avec de tels salaires ? Le leader peut-il et doit-il susciter cela ?

Il y a contradiction entre ces mœurs et la morale du mouvement sportif. Mais peu importe, l'essentiel est ailleurs : ces fortunes quasi inimaginables suscitent, pour les partisans, excitation, désir et passion. Le public éprouve une certaine fascination à voir s'engager sur le terrain ces millions qu'aucun d'entre eux n'oserait rêver pour lui-même[15]. Et c'est au leader de cette nouvelle ère de les lui faire miroiter.

Étrange paradoxe d'un argent qui évoque la gratuité, alors qu'il est son exact contraire. Les héros de l'Antiquité sont de retour, ces demi-dieux, à la fois hommes et femmes, qui participent à la nature divine grâce à cet argent dont l'extravagante démesure leur octroie cet aspect sacré. Reconnaissons que de telles sommes d'argent ont quelque chose d'indécent. Devant les foules idolâtres, le veau d'or est exhibé, et nul Moïse n'est encore venu briser les idoles de ces profits. Réhabilité par le sport, Mammon règne à nouveau sur les esprits et dans les cœurs comme médium d'un monde heureux. Est-il là, le leadership de notre Coubertin ? Un leadership qui consiste à faire rêver d'un monde idéal, un peu comme celui proposé au peuple juif pourtant sous domination égyptienne ? Mais qu'est-ce que l'esclavage quand on rêve à l'impossible, et qu'on l'évalue en « barils de pétrole » ? Même sur le chemin de l'exil, les oignons d'Égypte viennent hanter le peuple pour le paralyser dans son véritable pèlerinage. *Citius, altius, fortius*[16],

---

15. Voir *Ibid.*, p. 142.
16. Plus vite, plus haut, plus fort. Voir *Ibid.*, p. 11.

suprême devise qui entrouvre lâchement la porte aux ana-
bolisants de toutes sortes et, bientôt, aux transformations
génétiques. Abrasion de la différenciation sexuée homme
femme, tyrannie du corps, l'homme du xx1^e siècle apparaît
à l'horizon comme un messie hyperhumain sans d'autre
dieu que lui-même.

Professeur en éducation physique, j'assistais, lors d'un
projet de recherche, aux championnats du monde handis-
port de basket-ball. Je testais l'évolution physiologique des
athlètes atteints de différents handicaps. Ces jours-là m'ont
marqué à vie ! Devant moi, avais-je encore des humains,
ou bien des athlètes pris au piège d'un système d'exploitation et de profit sans limites ? Le handicap ne servait plus
l'humain, mais devenait l'objet d'un pseudo salut. Un
messie hyperhumain, un outil qui propose des solutions à
tout, même à ce que Dieu ne crée pas : la souffrance et le
handicap.

Je ne suis pas partisan d'un leadership jailli d'une
spiritualité du misérabilisme où il faut être faible pour
être un bon leader. Comme si la faiblesse était nécessaire
pour faire passer l'autre devant. Je crois cependant que
le leadership s'enracine dans des êtres profondément
humains.

Car le leader n'est-il pas serviteur de l'humain et de son
véritable bonheur ? Et le bonheur n'a pas de prix, il ne
s'achète pas, il ne se paye pas. Il se découvre, se partage, et
c'est au leader de le dénicher pour l'offrir gratuitement,
puisqu'il ne lui appartient pas. Pourtant, nous voilà prêts
à dépenser des fortunes pour penser recevoir quelques
bribes de sa gratuité. Paradoxe grossier de notre société
postmoderne : pour sortir de la tristesse engendrée par le
matérialisme, nous sommes faits prisonniers du dieu
Mammon, qui seul semble nous offrir ce bonheur tant

recherché. Ainsi, que tel joueur gagne des millions ne fait crier personne au scandale, puisque ce même joueur est capable, l'espace de quelques minutes au cœur de nos hivers trop longs, de nous offrir presque gratuitement ce bonheur, à un prix abordable, celui d'un billet.

Mais ce bonheur peut-il se confondre avec l'oubli ou l'évasion? Et un chapelet de vagues dans les estrades du Centre Bell est-il le bonheur? Se pourrait-il que le leadership de «la religion du Canadien» ait quelque chose de plus humain à nous offrir que celui issu de l'*Homo Sportivus*? Car nous ne voulons pas concevoir que le leader naisse de grands-messes profanées comme certains jeux olympiques modernes les ont célébrées. Mensonges et parjures, ils incarnent la caricature même du leadership.

Les Jeux olympiques modernes, caricature d'un leadership

Ne sommes-nous pas bien placés au Canada pour reconnaître que les Jeux olympiques de 1988 révèlent l'*Homo-Sportivus* du XXIe siècle ainsi que certaines de ses conséquences anti-leaders? Le contrôle positif du sprinter canadien Ben Johnson après sa victoire sur le 100 mètres en est l'illustration parfaite.

Mais les Jeux olympiques de Séoul passent un cap en se frottant sévèrement au Nouvel Âge. Nous faisons face à un assemblage hétéroclite du confucianisme, christianisme, capitalisme et olympisme, où l'unificateur s'appelle l'hygiène. Cette ambiance est non pas inhumaine, mais sans doute bien pire, hyperhumaine, celle de notre paradis terrestre, c'est-à-dire le lieu où le raté, le nouveau pauvre, le clochard, n'ont pas leur place. Ils sont les refusés de l'hyperhumaine *olympic city*.

L'*Homo Sportivus* ouvre la voie au bricolage hormonal et un jour, génétique. Il représente un stade supérieur de l'évolution, préfigurant le clone humain des siècles à venir. Le corps machine asexué est alors assujetti aux disciplines de la rentabilité olympique et industrielle. La postmodernité s'incarne à l'œil nu sur cette terre de très ancienne culture déjà projetée dans le XXIe siècle et dont Coubertin est le prophète inconnu et méconnu. *Homo Sportivus* rappelle ce qu'*Homo Economicus* n'aurait jamais dû oublier, cette grande leçon du capitalisme qui veut que le profit naisse de l'inexactitude des comptes, de l'injustice donc. La dictature coréenne se sert des Jeux olympiques pour légitimer son régime[17].

Et l'histoire se répète, car l'idéologie de l'*Homo Sportivus* perdure et s'implante tous les quatre ans. Huit mille huit cent cinquante mètres est ce toit du monde où la flamme olympique passe pour imposer la suprématie de l'*Homo Sportivus* sur la planète entière en 2008, mais aussi et surtout pour aveugler les télévisions du monde entier vis-à-vis du régime communiste qui règne à Pékin.

Pourtant, cette ascension du mont Everest ressemble à celle des disciples du Christ avant la transfiguration. Seulement là, l'exploit technique dans cette atmosphère pauvre en oxygène, conjugué à la magie de cette flamme, veulent cacher l'illégitimité de l'occupation du Tibet par la Chine depuis plus de 58 années. De George Clooney aux moines bouddhistes et au dalaï-lama, autant de voix qui se sont élevées afin de dénoncer les ravages de cette nouvelle religion[18]. Mais sans succès. Revenons au Centre Bell.

---

17. Voir *Ibid.*, p. 9.

18. CHAPATTE (2008), http://fr.news.yahoo.com/fc/dessins/cartoons. html, (visité le lundi 17 mars 2008).

Gainey, leader de «la religion du Canadien»

Il y a beaucoup de similitudes entre l'*Homo Sportivus* ainsi dépeint et «la religion du Canadien», mais heureusement, les différences sont substantielles. Son hégémonie, son fonctionnement, sa construction, son pouvoir de faire rêver et ainsi de mobiliser un peuple, tendent à les rapprocher. Mais les frontières de l'Atlantique, la Révolution tranquille des années cinquante au Québec, les valeurs du Québec contemporain, différencient Coubertin et Gainey. Le tsunami de la Révolution tranquille accélère l'enracinement de l'*Homo Sportivus* au Québec, mais n'aura pas raison de nos Canadiens. Pourtant, le sociologue Jacques Grand'Maison dépeint cette vague, la cinquième, par deux lames de fond:

La première est le rejet que le Québec opère violemment à l'égard de son histoire dans les années cinquante. La seconde, conjointe, est «le modernisme[19]» pour lequel la société québécoise n'est pas préparée. Jacques Grand' Maison la résume par une interrogation: «Se pourrait-il que nous ne nous soyons jamais remis du traumatisme collectif d'une rupture aussi radicale et rapide que celle que nous avons vécue il y a cinquante ans[20]?» Mais ce traumatisme donne un pouvoir particulier à notre leader Gainey. Soit d'accroître le phénomène pervers de l'*Homo Sportivus* vers un matérialisme pseudo joyeux, soit de l'endiguer avec chacun de ses effets dévastateurs, car le leadership, «ça ne se comptabilise pas en buts et en passes, mais c'est aussi précieux, sinon plus[21]».

---

19. Jacques GRAND'MAISON, *Questions interdites sur le Québec contemporain*, Montréal, Fides, 2003, p. 12.
20. *Ibid.*, p. 13.
21. Jean-François BÉGIN, *La Presse* (chronique), Montréal, le dimanche 24 février 2008.

Cela vous étonne-t-il que nous choisissions le Directeur général du Canadien pour incarner le leadership du Centre Bell? Nous avons pour défendre cette thèse bien des cordes à notre arc. En fait, les tensions entre George Gillet et Tom Hicks[22] nous permettent de nous en sortir aisément et de nous concentrer sur celui qui sait patiner. De toute manière, chacun des leaders du Canadien doit avoir reçu la consécration ultime, et Bob Gainey l'a reçue. « À 54 ans, Robert Michael Gainey, vétéran de 16 saisons avec le Canadien et gagnant en cinq occasions la Coupe Stanley dans l'uniforme tricolore, a eu droit à un hommage réservé aux plus grands de la plus grande des équipes de hockey. Quand la bannière portant son numéro a été hissée dans les hauteurs du Centre Bell, elle a rejoint celles de demi-dieux tels que Maurice Richard, Jean Béliveau et Guy Lafleur[23]. »

Deuxième corde à son arc, Gainey est un leader, parce que l'autorité qu'il impose est celle-là même qu'il a subie dans sa chair.

C'est après l'élimination du Canadien que j'ai appris la vérité. Je me souvenais de la mise en échec de Bryan Trottier derrière le but du Canadien. Trottier s'était donné un élan et il avait frappé Gainey comme un train. Surtout que Trottier, du haut de ses 5'10", était plus large que haut et aussi épais qu'un baril de mélasse. Cognait dur, le buveur de lait. Cette nuit-là, dans l'avion, Gainey souffrait le martyre, victime d'une luxation. Les médecins lui avaient remboîté l'épaule dans l'infirmerie du *Nassau Coliseum*. Il avait pris quelques cachets d'aspirine et avait disputé le match suivant de la Flanelle sacrée. Mille fois plus fort, c'est seulement à la fin de la saison qu'on apprit que le Bob s'était fait déboîter

---

22. *Idem.*
23. *Idem.*

l'autre épaule dans la série précédente contre les Nordiques de Québec[24].

Cette résilience, Gainey l'a acquise avec sa famille aussi, tout le monde le sait, et cela fait de lui un leader incontestable, car la souffrance, par sa capacité à nous sortir de notre « moi », mûrit le leader. Enfin, dernière corde à notre arc, Gainey parle peu, et c'est là l'une des caractéristiques du leader. On disait de Thomas d'Aquin qu'il était tel un grand bœuf muet de Sicile[25], on peut dire de Gainey qu'il a la force et la charge de l'orignal. Quand il parle, c'est pour charger. Un vrai guerrier, mais malgré tout un gentleman.

Ce leadership de Bob Gainey s'enracine donc dans un corps québécois stigmatisé par la Révolution tranquille. Et si nous avons acculé Gainey à stopper l'effet pervers de cette religiosité sportive tout en accélérant ses vertus, car elle en a, c'est que nous croyons que les deux mouvements ne sont pas incompatibles. Le leader n'a-t-il pas pour caractéristique de faire émerger le meilleur de la vie ? Par le fait même, ne freine-t-il pas ce qui doit l'être sans risquer d'arracher le bon grain avec l'ivraie ?

C'est donc à une lourde charge que nous consacrons Gainey, mais n'est-il pas le quatorzième immortel des Glorieux ? Et nous ne nous satisfaisons pas des missions caricaturales dont le Canadien s'est vu étiqueté par tel ou tel spécialiste du hockey ou de la religion ; même si elles sont en partie respectables, sont-elles bien suffisantes ? Roger Boileau, par exemple, dont le doctorat porte sur l'Église et le sport, professeur associé au département d'éducation physique de l'Université Laval, explique le

---

24. Réjean TREMBLAY, « Guerrier et gentleman », dans *La Presse* (chronique), Montréal, le samedi 23 février 2008.

25. Martin BLAIS, *L'autre Thomas d'Aquin*, Montréal, Boréal, 1990.

phénomène du Canadien comme une cure de jouvence offerte à sa ville: «Une victoire du Canadien ne paie pas tes dettes, ne règle pas ton divorce, ne rend pas meilleur ton patron, mais c'est comme une bulle de plaisir partagée[26].» Puis, «les amateurs s'excitent. Les urgences se calment. Le passé se marie au présent[27]», dira Caroline Touzin. Cette *bulle de plaisir,* le leader en serait-il le promoteur? Pour quelle caricature?

Plus encore, les spécialistes voient dans ce phénomène une ville ou un peuple en quête de communion: «Les amateurs de sport cherchent la communion. En ce moment, on anticipe la communion des séries éliminatoires. On se souvient des grandes victoires du Canadien: avec qui on était, à quel endroit, à qui on a donné un coup sur l'épaule pour exprimer notre joie lors du but vainqueur[28].» Un leader, qui suscite une certaine communion et une certaine joie, nous l'avons vu! Mais pas de manière superficielle, sinon «quand il y a du nationalisme dans l'air, le Canadien devient un symbole. Si le Canadien perd, la société québécoise se cherche d'autres modèles[29].»

Jean-Pierre Brunelle enfonce le clou en affirmant: «Les amateurs du Canadien ont un préjugé favorable envers les francophones. Mais quand la victoire arrive, Kovalev est autant des nôtres que Guillaume Latendresse[30].» Une sociologue de l'Université de Montréal dira: «La Sainte Flanelle fait partie du patrimoine culturel. Le sentiment d'apparte-

---

26. Roger Boileau, «La fièvre du Hockey», dans *La Presse* (dossier de Caroline Touzin), Montréal, le vendredi 22 février 2008.

27. Caroline Touzin, «La fièvre du Hockey», *La Presse* (dossier), Montréal, le vendredi 22 février 2008.

28. Marc Robitaille, «La fièvre...», *La Presse.*

29. Donald Guay, «La fièvre...», *La Presse.*

30. Jean-Pierre Brunelle, «La fièvre...», *La Presse.*

nance sera moins fort le jour où il n'y aura que des étrangers qui ne parleront pas le français dans l'équipe[31].»

Cette religion du sport plantée dans un «après-Révolution tranquille», défini comme un modernisme épris de matérialisme joyeux, flirtant avec le paradis terrestre, offre donc, sur le marché coté à la bourse, des valeurs que nous n'aurions jamais dû perdre : la quête légitime de plaisir et de bonheur, l'identité d'un peuple et sa langue, l'expérience saisissante d'une communion transfigurante. Des valeurs sans lesquelles un peuple est condamné à l'asphyxie.

Mais Bob Gainey, dans la lignée des rois, est sacré pour offrir un leadership prophétique, qui doit transcender le concept même de l'*Homo Sportivus*. Sans détruire celui offert par nos spécialistes, il doit absolument l'humaniser, le rajeunir et l'enraciner, sans quoi «la religion du Canadien» connaîtra un jour ou l'autre la même crise identitaire que celle qui a fondé la Nouvelle-France, et que gardera-t-elle alors, sinon ses locaux et ses structures !

L'essentiel de ce leadership nous a été rappelé par le chef d'orchestre Kent Nagano lors du concert de l'Orchestre symphonique de Montréal le mercredi 20 février 2008. «Kent Nagano nous a habitués à ses hommages aux héros canadiens : Terry Fox, Roméo Dallaire, Norman McLaren. Pour *Les Glorieux,* ce sera d'un autre ordre [...] ce qui m'émeut beaucoup là-dedans, c'est le mariage entre le club de hockey Canadien et l'Orchestre symphonique, dit Bouchard. Il y a cinquante ans, il aurait été impensable qu'un orchestre symphonique, plus élitiste, rende hommage à quelque chose qui fait éminemment partie de notre culture populaire. Henri Richard n'a jamais été voir un

---

31. Suzanne Laberge, «La fièvre...», *La Presse.*

orchestre symphonique[32]...» Le voilà, le leadership que nous confions à Bob Gainey et à ses amis! Un leadership qui vient transpercer l'opacité de l'*Homo Sportivus* pour mettre en valeur des héros, des sportifs, et offrir, à travers leur témoignage, une transcendance[33]. Car l'art et le vrai sport ont ce pouvoir de nous introduire, directement ou non, au monde métaphysique, celui de la rencontre entre la matière et ce qui la dépasse. De ce qui est fini à ce qui ne le sera jamais. Et cela, l'antique Grèce le cultivait. Réponse faite à l'angoissante réalité de la finitude peinte par nos philosophes et artistes contemporains.

L'*Homo Sportivus* a le monopole du commerce de l'émotion collective. Et nous savons maintenant que le leader ne veut pas jouer avec l'émotion, mais qu'il veut l'éduquer pour offrir un idéal humain à l'ensemble du peuple. La perversité de l'*Homo Sportivus* est d'avoir le monopole de cet idéal immatériel et irréaliste offert à tous, la flamme olympique. Le leader refuse de le définir pour nos Canadiens, car il refuse que ses partisans soient exploités par ce trafic monopolistique et machiavélique actif dans l'église olympique. Ce que nous croyons, presque comme un article de foi, est que le Canadien et son leader ont le pouvoir de transfigurer cette émotion collective vers une finalité enfin humaine. Et cela consacre leur leader, non seulement comme prophète, mais comme prophète de la finalité et non de la finitude. La passion est noble et le Canadien, enraciné dans sa tradition culturelle, peut accentuer ce qui ennoblit cette passion, dans la mémoire et l'imaginaire du peuple canadien.

---

32. Alain DE REPENTIGNY, «Nagano accueille Les Glorieux», dans *La Presse*, Montréal, le samedi 16 février 2008.

33. Viviane AMAR, *Pouvoir et Leadership*, Paris, Village Mondial, 2000.

Un leadership humain, la mémoire et l'imaginaire

L'histoire débute le 8 décembre 1995, par un accident vasculaire brutal qui plonge Jean-Dominique Bauby, journaliste et père de deux enfants, dans un coma profond. Quand il en sort, toutes ses fonctions motrices sont détériorées. Atteint par ce que la médecine appelle le *locked-in syndrome*, il ne peut plus bouger, parler, ni même respirer sans assistance. Dans ce corps inerte, seul un œil bouge. Cet œil devient son seul lien avec le monde, avec les autres, avec la vie. Il cligne une fois pour dire « oui », deux fois pour dire « non ». Avec son œil, il arrête l'attention de son visiteur sur les lettres de l'alphabet. Par ce moyen, il dicte, forme ainsi des mots, des phrases, des pages entières... Avec son œil, il écrit un livre, *Le scaphandre et le papillon*, dont chaque matin pendant des semaines, il a mémorisé les phrases avant de les dicter. Sous la plume de verre de son scaphandre, où vole un papillon, il nous envoie les images d'un monde où il ne reste rien, sinon un esprit à l'œuvre. Ce livre autobiographique sera adapté au cinéma par Julian Schnabel et projeté sur nos écrans habitués aux films à gros budgets hollywoodiens. Pourtant, nous avons là un véritable chef-d'œuvre duquel nous avons moult difficultés à nous extraire après la projection du film.

C'est le papillon qui nous interpelle dans cette histoire. Il représente la vie de l'esprit, la vie intérieure de cet homme. Et le corps paralysé nous rappelle symboliquement l'hégémonie du nôtre, tel un scaphandre. Car en fait ce corps, il est là pour le papillon, il est là pour cette liberté intérieure. Une aile représente la mémoire. L'autre, l'imaginaire. Deux facultés sensibles qui habitent notre « moi » intime et peuvent soit lier, soit donner des ailes à ce corps paralysé. Deux ailes, la mémoire et l'imaginaire. Les deux ailes du papillon offrent à un monde en quête de sens la richesse de notre vie intérieure. Il suffit de quelques battements d'yeux. Et si le leader était ce mentor qui sait entrouvrir notre chrysalide intérieure pour donner sens à notre corps, pour donner sens à notre vie ? Le leadership ne consistera-t-il pas à redonner à un pays, à un peuple, à une équipe, une vie intérieure riche de son imaginaire et de sa mémoire ? Parce que le Québec est ce corps... il lui faut ce prophète.

C'est pourquoi nous ne voulons pas, en fin de compte, attribuer à Kovalev le rôle de prophète. Cela ne lui enlève rien, rien de sa vélocité hors du commun, de sa technicité quasi parfaite, qui lui vaudra d'être probablement un jour décoré comme lauréat du trophée Hart[34]. C'est aussi pour cela que nous ne pouvons pas dire de Guy Carbonneau qu'il est le leader. Comme entraîneur, offrons-lui le titre de magicien, grâce à la magie de ses trios interchangeables. Mais le leader, lui, est prophète. Il est derrière, caché et présent, empathique et dynamique. Il offre le souffle qui transcende le temple, les joueurs, les partisans, la ville et le Québec dans son entier, car il donne sens à la passion en lui offrant les deux ailes du papillon, celle de la mémoire, celle de l'imaginaire. Dans son fort interne, il parle avec le Sauveur, et avec Moïse, car il sait bien que les trois sont conviés sur le mont Royal.

La mémoire, c'est l'héritage, celle de nos pères, celle de la foi

«Nous étions donc prêts à partir. Mon père était assez bien pour faire le voyage, et mes fils m'accompagnaient. Pour

---

34. Marc Antoine GODIN, «Gretzky : Kovalev mérite d'être considéré pour le trophée Hart», dans *La Presse*, Montréal, le vendredi 7 mars 2008.

la famille Brodeur, il s'agissait d'un rendez-vous avec l'histoire[35].» Même s'il ne joue pas avec les Glorieux, Martin Brodeur est d'*icitte*, et ses paroles pourraient être celles issues du code de déontologie du Canadien. Pour lui, le hockey est en même temps un *business*, un plaisir, mais aussi le lieu de la transmission de père en fils. Transmission d'une mémoire, d'un héritage. Et cet héritage nous ramène aux deux nerfs qui innervent et dessinent le Québec. Autant le modernisme de la Révolution tranquille a balayé l'histoire, autant cette même histoire est encore présente par la mémoire du Canadien. Personne n'oserait juger un Jacques Demers qui, à la veille du match contre les Nordiques en 1993, alla se recueillir dans la basilique dédiée à sainte Anne. Personne n'oserait non plus critiquer un joueur du Canadien s'il se signait avant une victoire importante. Personne ne touchera à l'histoire sacrée du temps où le cardinal Léger devançait l'heure du chapelet à la radio pour aller voir un Maurice Richard se battre contre Boston. Car dans cette filiation de père en fils, il y a un quelque chose de magique qui transperce l'idéologie de l'*Homo Sportivus*, pour rappeler que la cohabitation des deux religions est inéluctable. Elle est juste aujourd'hui une question d'«accommodement raisonnable»! Il ne faut pas que les jeunes lâchent le hockey, il ne faut pas que leurs pères le délaissent, car il est ce filament par lequel, aujourd'hui encore, une histoire unique, empreinte de valeurs uniques, se transmet de génération en génération. Vous entendez Bob?

Le sport est, comme l'art d'ailleurs, un lieu qui excelle dans cet exercice du leadership. Il est le lieu où le père encourage l'exploit du fils et où le fils apprend à recevoir

---

35. Martin BRODEUR et Damien COX, *Martin Brodeur, pour tout dire...*, Montréal, Carré, 2007, p. 127.

du père. Carrefour de la tradition familiale où le père sait l'enrichir de l'exploit du fils, et enrichir le présent du fils de la tradition familiale. La mémoire est au cœur de cet exercice. Et monsieur Higgins l'a bien compris alors qu'il accompagnait l'équipe du Canadien avec d'autres pères : « Ce dont je suis le plus heureux, c'est de pouvoir côtoyer d'autres pères, d'entendre leurs histoires et leur version des rapports père-fils [...]. On partage tous un même sentiment de fierté en regardant où nos fils sont rendus, et le même esprit de sacrifice que ça nous a demandé, entre autres lors de longues heures sur la route, pour les aider dans leur développement [...]. Cette semaine, c'est un retour dans le temps. C'est un autre de ces voyages pour accompagner notre fils au hockey. Mais au lieu que ce soit dans les tournois *pee-wee* ou *bantam*, ça se passe dans la ligue nationale[36] !» Si le hockey fait de Montréal une ville de « traditions », alors *Go Habs Go* !

Le confucianisme sur ce qui est le symbole de Montréal n'est pas si grave que cela, si les pères prennent le temps d'expliquer à leurs jeunes que le Centre Bell est l'un des symboles de cette ville de hockey, mais que le vrai symbole restera la croix du mont Royal, parce qu'elle nous renvoie au miracle de l'hiver 1642 et au fondateur de Ville-Marie, sieur Chomedey de Maisonneuve. Il faut cependant que les jeunes gardent la fougue religieuse de leur père, car maintenant c'est comme cela que la tradition se perpétue, que l'histoire s'enseigne. Par une mémoire vivante, hier au Forum, aujourd'hui au Centre Bell.

---

36. Marc Antoine GODIN, « Une fête des pères chez le Canadien », dans *La Presse*, Montréal, le jeudi 6 mars 2008.

L'imaginaire, vivier de l'œuvre créatrice

Mais ce n'est là qu'un aspect de la métaphore du papillon. L'autre aile est l'imaginaire; aux confins de la passion et du monde spirituel, trop souvent étiqueté «la folle du logis», nous sous-estimons sa puissance créatrice. Le leader maintient le fil de l'histoire et encourage celui de l'imaginaire, il nous réconcilie avec les deux. Et la tâche est tout aussi délicate pour les deux. Si l'imaginaire n'est pas sollicité pour construire des cathédrales, il le sera pour creuser des charniers. Simplement parce que la nature a horreur du vide, elle va au gré des passions, soit dans un sens, soit dans l'autre, avec la véhémence de ce qui les caractérise. Et pourtant, quelle richesse, quelle puissance créatrice!

L'une de mes expériences les plus marquantes d'adolescent est le soir où j'ai obtenu ma ceinture noire en judo. Cinq combats de suite où il faut accumuler un maximum de points afin d'espérer cette ceinture qui fait la fierté de tous les passionnés en sport de combat. Ce soir-là, je jubilais, car non seulement je l'obtenais sans détour par cinq K.-O. consécutifs, mais en plus j'allais pouvoir faire graver sur mon kimono mes initiales en japonais. Il fallait absolument que je prévienne mon père. Personne ne répondit au téléphone familial. C'est donc auprès de ma grand-mère, qui évidemment ne connaissait rien de mes exploits sportifs, que j'ai pu exprimer ma joie, exprimer ma fierté, mais surtout où j'aurais eu besoin de valider l'œuvre créatrice dont mon imaginaire était le magicien. Cette anecdote ne dit rien des liens privilégiés que j'avais avec mon père, mais elle est là pour nous faire réfléchir. N'est-ce pas une caractéristique du leadership que de mettre le cadet, une équipe, un peuple sur son chemin de croissance? L'imaginaire y contribue dans la mesure où les partisans peuvent nourrir leur passion non d'un idéal paradisiaque, mais d'un idéal à leur portée. Parce que l'*Homo Sportivus* donne l'illusion, il ne construit pas. C'est là particulièrement la perversité de son leadership et la nuance que nous voulons apporter à «la religion du Canadien».

Reste donc à définir ce qui construit la personne dans ce rôle primordial de l'imaginaire, et puisque nos Canadiens sont les Glorieux, l'analogie de la transfiguration nous servira pour illustrer notre réflexion. Thomas d'Aquin, incompris de son vivant, et souvent rejeté aujourd'hui encore, dresse un portrait magistral du corps. Contrairement aux intentions que nous lui prêtons trop souvent, le docteur angélique maintient, à la suite du philosophe Aristote, que le corps est nécessaire au mieux-être de l'âme[37], qu'il est *propter melius animae*[38]. Pour le démontrer, comme à son habitude, il revient à notre expérience la plus simple, et nous rappelle que sans les cinq sens, dont le toucher est le plus fondamental, il n'y aurait pas d'intellection possible. Sans corps il n'y a pas d'âmes. Mais la combinaison corps et âme fait de nous de véritables chefs-d'œuvre ordonnés à la gloire. Merleau-Ponty l'avait compris, à l'inverse, en raison de son approche phénoménologique, mais au moins il avait saisi ce lien substantiel. Un lien qui nous oblige à admettre que ce que le corps fait engage l'âme, et qu'il agit pour l'âme. Et c'est là que nos Canadiens interviennent, parce qu'il nous faut un moment de franchise, de *fair-play* viril. Si les mises en échec sont le seul objet de contemplation de nos Glorieux, cette gloire est futile, éphémère, et nous donnons raison à l'*Homo Sportivus*. Mais si la technicité de nos athlètes, leur rapidité à manier le bâton et la rondelle, leur courage au combat, leur fraternité dans la victoire comme dans une

---

37. Martin Blais, *L'autre Thomas d'Aquin*, p. 118.
38. Le mieux ordonné possible à l'âme.

cuisante défaite, mais surtout les valeurs humaines qu'ils portent, si tout cela nourrit et révèle leur âme, l'âme de leur ville, de leur pays d'adoption, alors le leadership a atteint son objectif.

En effet, y a-t-il quelque chose de plus grand qu'une équipe ou un peuple qui retrouve une âme, qui révèle son âme? Allez, je vais vous faire une confidence. Le lendemain du décès de Maurice Richard, j'étais à la messe, pas celle de l'*Homo Sportivus*, mais la vieille, celle où il n'y a personne sinon des originaux comme moi. À cette messe que je présidais, si vous voyez ce que je veux dire, il y avait foule. Et les gens priaient! Quand j'introduisis la messe en prononçant le nom de Maurice, il y eut un murmure dans l'église et un silence, le vrai, comme sur la montagne à la Transfiguration. Nous venions de perdre un prophète, un leader, pas seulement un héros, mais bien un leader. Car ce qu'il laissait dégager de sa personne avait déposé dans l'âme de son peuple des valeurs nobles et réalisables, enthousiasmantes.

Le mal à l'âme est bien la perte de sens. La vocation prophétique du leader est bien de le redonner. Et pour cela, il ne faut pas avoir peur de l'imaginaire, ni du corps ni de ses passions. L'imaginaire a le pouvoir de s'ancrer dans le présent comme dans l'histoire pour créer l'avenir.

En disant cela, nous voudrions absoudre Coubertin d'avoir quelque part préparé la venue de l'*Homo Sportivus*. Il n'y pouvait rien ou presque rien. Sa formation théologique était entachée de jansénisme. La vertu pour la vertu. Le sacrifice pour le mérite. La platitude pour éteindre le plaisir et la passion. La mort, quoi! Eh bien, c'est cela qui a donné l'*Homo Sportivus*! À cause de la fameuse loi physique action-réaction. Et c'est le même processus qui a déclenché la Révolution tranquille au Québec.

Bob, si dans votre rôle de leader, vous arriviez à montrer que la tradition est un maillon nécessaire transmis de père en fils, de la même manière que l'amour du corps l'est aussi, alors nous pourrions réconcilier ces deux religions : pas l'*Homo Sportivus*, mais « la religion du Canadien » et celle que nous avons oubliée. Le défi est simple, car il est humain, mais les conséquences en sont infinies. Imaginez un peuple qui se réconcilie avec son histoire et renouvelle son génie créateur par l'art et le sport. Par l'imaginaire, la passion, un corps transfiguré par l'âme ! Cela n'offrirait-il pas une religion enfin humaine et donc glorieuse ? Une réconciliation des Québécois avec la religion, grâce à celle du Canadien qui sait encore rendre hommage à ses Glorieux, faire mémoire, et donner de la place au corps et à l'art ?

Mais il y a un hic. Une vraie question ! Car pour opérer un tel changement, il faut ce leader humain. Et le Québec d'aujourd'hui est-il prêt à renouer avec un véritable leadership après s'être fait flouer durant tant de décennies ? Est-il prêt à utiliser son histoire, son corps et son imaginaire collectif, symbolisés par une géographie parcourue des deux nerfs du Canadien et de la religion, pour sortir glorieux ?

Ce qui a été remarquable cette année, c'est qu'on a eu un hiver pas mal frigorifique. Je me suis gelé une oreille, l'autre jour, quand je me suis endormi au coin de la rue, en attendant les p'tits chars. Vous autres, vous vous êtes gelé rien d'important, j'espère ? Nous avons fait depuis quelques mois un grand pas vers l'unité nationale, pas vrai ? Et cela, grâce aux efforts concertés de m'sieur le sénateur Bouchard, du colonel Drew, du pasteur Shields et autres grands patriotes. Pour m'sieur Bouchard, comme le disait si bien m'sieur Godbout au lendemain du grand jour : « Espérons que sa santé se rétablira sous peu ! » Quant aux autres, ils se font les apôtres de cette grande loi démocratique : « Dis pas un mot contre les juifs, parce que tu vas passer pour un fasciste ; mais traite les Canayens français de tout ce que tu voudras, puis tu seras un vrai patriote !» Mais, franchement, de notre bord, on n'est pas raisonnable : on devrait se décider à leur présenter notre tête sur un plateau, comme saint Jean-Baptiste, notre patron ! [...] Eh ben ! J'ai dit assez de bêtises, puis j'vas m'éclipser[39].

Conclusion

Le leadership ne peut exister que s'il est au service de l'humain, corps et âme, corps pour âme. Que s'il est au service de la mémoire, celle d'un peuple. L'erreur de l'*Homo Sportivus* est double. Non seulement il suggère une situation désabusée de la nature humaine, mais par ricochet, il propose à l'homme moderne une vision idyllique de la société, un paradis terrestre. Laquelle suscite l'autre ? Peu importe. Le nihilisme pascalien à la base de l'*Homo Economicus* et de l'*Homo Sportivus* nous enseigne par contraste que le véritable leadership ne peut que s'enraciner dans un regard respectueux de l'humain. Un regard grâce auquel il peut l'accompagner vers un idéal authentique, et donc constructif. Un regard qui n'a pas peur de prendre en compte la fragilité, mais aussi les forces de chacun. Le potier réalise un chef-d'œuvre quand il respecte les forces et les subtiles fragilités de l'argile qu'il pétrit. Chacune des vagues décrites au cours de ces pages est un refus explicite de la richesse humaine déposée dans un vase d'argile. La théologie de la vertu pour la vertu du Baron de Coubertin est aussi une négation de la finalité.

---

39. Gratien GÉLINAS, *Les fridolinades*, Montréal, Quinze, 1980, p. 47-48.

Mais pour ce qui est de notre ville « Hockey », « Ville-Marie », le contexte est différent, car le leadership de « la religion du Canadien » n'est pas l'*Homo Sportivus*, nous l'avons démontré. Et pour que cela demeure, il suffit que ses leaders aillent puiser dans les liens de filiation père-fils toute la richesse de l'histoire, d'une tradition où se mêlent la religion et le sport, les deux nerfs qui traversent le corps québécois. Que ses leaders s'inspirent de Kent Nagano, où le génie de l'art sait redonner à la passion, à l'imaginaire et au corps, le sens de la finalité, de la transcendance, de la gloire de l'âme.

Nos deux religions ne sont pas si étrangères que cela. Il suffit que leurs leaders respectent tout homme dans sa finalité, celle qui réconcilie le corps et l'âme, le sport et la religion.

4

« Notre père le Rocket qui êtes aux cieux »
Les religions de Maurice Richard

Benoît Melançon

Département des littératures de langue française,
Université de Montréal

En 1946, le directeur général et copropriétaire des Dodgers
de Brooklyn, Branch Rickey, révolutionnait le monde du
baseball en engageant Jackie Robinson pour le faire jouer
dans sa filiale montréalaise, les Royaux. Robinson devenait
alors le premier joueur noir à accéder au baseball professionnel au XXe siècle. L'année suivante, il entreprenait sa
carrière avec le club de Brooklyn. Le baseball ne serait plus
jamais le même.

À la même époque, un joueur de hockey attire tous les
regards, à Montréal comme ailleurs. Maurice Richard, le
numéro 9 des Canadiens de Montréal, celui que l'on sur-
nomme le Rocket, a été recruté par son équipe en 1942 et
il a déjà quelques hauts faits d'armes à son actif, notamment la première saison de 50 buts en 50 matchs de l'histoire de la Ligue nationale de hockey en 1944-1945. Cet
ailier droit ne cessera de multiplier les exploits jusqu'à sa
retraite, après la saison 1959-1960. En chiffres, cela se
résume ainsi : 1473 minutes de punition, 1111 matchs, 1091
points (dont 626 buts), 18 saisons, 14 sélections au sein de
la première ou de la deuxième équipe d'étoiles de la Ligue

nationale de hockey, 8 coupes Stanley, 1 titre de joueur le plus utile de la ligue (en 1946-1947). On a souvent comparé Robinson et Richard. Les deux hommes sont contemporains : le premier est né en 1919, le second, en 1921. L'un et l'autre ont incarné la possibilité du succès nord-américain pour les membres de groupes sociaux minoritaires : les Noirs américains pour Robinson, les Canadiens français pour Richard. Tous deux étaient reconnus pour leur tempérament bouillant. Ils ont été l'objet de discours culturels variés, de la chanson au journalisme et à la littérature. Ils se sont fréquentés, si l'on en croit une chronique de Maurice Richard parue dans le quotidien *La Presse*[1]. Ils ont reçu les plus grands honneurs : on a retiré leur chandail (le 42 et le 9) et ils ont été élus au panthéon de leur sport (le *Hall of Fame*). Au jeu de la comparaison, tout semble les réunir. Ce n'est pas aussi simple.

Il y a plusieurs raisons à cela. La première est que, s'il est vrai que les Canadiens français ont longtemps été traités, au Québec même, comme des citoyens de seconde zone, leur condition sociale n'a jamais été déterminée par un discours raciste institutionnalisé. La deuxième est leur parcours social et biographique. Si Branch Rickey a décidé de faire de Robinson le symbole qu'il est devenu, ce n'était pas le fruit du hasard. Rickey avait en effet choisi Robinson parce qu'il était autre chose qu'un joueur de baseball : celui qu'il allait transformer en icône de l'intégration sociale avait été étudiant à l'Université de la Californie à Los Angeles et lieutenant dans l'armée américaine. Étudiant,

---

1. Maurice RICHARD, « Les Panthers iront-ils jusqu'au bout ? », *La Presse*, 26 mai 1996, p. S7. Je reprends et je développe ici quelques analyses que j'ai d'abord proposées dans mon livre *Les yeux de Maurice Richard. Une histoire culturelle*, Montréal, Fides, 2006, 279 p. Ill. ; 2008 pour la nouvelle édition, revue et augmentée, 312 p. Ill.

il avait appris à maîtriser une arme qui fera défaut à Richard : le langage. Militaire, il s'inscrivait parfaitement dans la mutation de l'imaginaire états-unien ; qui pouvait défendre son pays devait pouvoir y jouer au baseball dans la même ligue que les autres, et non dans une ligue réservée aux Noirs, là où Robinson avait dû commencer sa carrière. Une troisième chose distingue les deux hommes : leur rapport à la religion.

Robinson était un homme ostensiblement religieux, comme l'était Rickey, et cela a joué dans le fait que le second a choisi le premier pour mettre fin au racisme institué du baseball. Méthodistes l'un et l'autre, les deux hommes partageaient la même foi et l'affichaient. Les motivations de Rickey étaient de deux ordres. Homme de sport, il croyait pouvoir améliorer les performances de son équipe en recrutant les meilleurs joueurs disponibles, quelle que soit la couleur de leur peau. Homme de foi, il voulait corriger une injustice. Robinson, pour sa part, avouait volontiers avoir eu besoin de sa foi pour traverser les épreuves auxquelles il a été soumis quasi quotidiennement au début de sa carrière : insultes, coups, mépris[2].

Il y a certes du religieux chez Maurice Richard, dans les discours qu'on a tenus sur lui et dans les images que l'on en a conservées, voire dans sa vie quotidienne. Rien cependant n'est semblable à ce qui anime Robinson. Le seul moment où la religion prendra une place considérable dans la représentation richardienne, ce sera à sa mort, en 2000. Il y aura alors bel et bien un culte de Maurice Richard, perpétué depuis.

---

2. Arnold Rampersad souligne à plusieurs reprises l'importance de la religion dans la vie de Jackie Robinson. Voir *Jackie Robinson. A Biography*, New York, Ballantine Books, 1998 (1997), 512 p. Ill.

Une religion qui va de soi

Les discours écrits sur Maurice Richard ne manquent pas, des années 1940 à aujourd'hui : des articles de périodiques et des textes savants, des biographies et des recueils de souvenirs, des contes et des nouvelles, des romans et des livres pour la jeunesse, des poèmes et des pièces de théâtre. Dans cette abondante masse textuelle, l'attitude de Richard devant le sacré n'est guère représentée. On y apprend peu de choses sur ses comportements et pratiques en matière religieuse, en l'occurrence sur son catholicisme ; on se contente d'allusions. Certains disent qu'il priait pendant les hymnes nationaux qui précèdent les matchs[3]. D'autres racontent que lorsqu'il le pouvait, en déplacement sportif à New York, à Boston ou à Detroit, il assistait à la messe dominicale[4]. Un de ses anciens patrons, Frank Selke, écrit de Richard et de sa femme qu'ils sont « *devoutly religious*[5] ». Gérard Gosselin consacre de brèves pages de son *Monsieur Hockey* à un sujet d'actualité, selon lui, « Les autorités religieuses et le sport ». Ces autorités devraient offrir des sportifs en modèles aux « masses populaires » : « Maurice Richard est le plus bel exemple de cet athlète rêvé, qui illustre toutes les vertus qui font les hommes complets, sur tous les plans : moral, spirituel et physique[6]. » Sa fille Huguette fait du ski ? Il n'y a rien à craindre, « son groupe est toujours accom-

---

3. Voir Sidney KATZ, « The Strange Forces behind the Richard Hockey Riot », *Maclean's*, vol. 68, n° 19, 17 septembre 1955, p. 98.
4. Voir Réjean TREMBLAY, « Une minisérie sur le Rocket ? », *La Presse*, 29 mai 2000, p. A7.
5. Frank J. SELKE, avec H. Gordon GREEN, *Behind the Cheering*, Toronto, McClelland and Stewart, 1962, p. 150.
6. Gérard « Gerry » GOSSELIN, *Monsieur Hockey*, Montréal, Éditions de l'Homme, 1960, p. 107-108.

pagné d'un prêtre[7] ». Ce qui est vrai de Richard l'est de ses admirateurs. L'ex-hockeyeur Serge Savard se rappelle qu'il y avait trois photos aux murs de la maison familiale de son enfance en Abitibi : le curé ou le pape (Pie xii) ; Maurice Duplessis ; Maurice Richard. Pour sa mère, la première était la plus importante ; pour son père, la deuxième ; pour lui, la troisième[8]. Pour qui connaît un tant soit peu la vie religieuse québécoise du milieu du xxᵉ siècle, pareilles déclarations, dont le relevé n'a rien d'exhaustif, sont parfaitement prévisibles[9].

On ne s'étonnera pas plus de voir apparaître à l'occasion des membres du clergé dans les récits richardiens, qu'ils soient journalistiques ou fictifs. La présence de l'Église catholique dans l'organisation des sports au Québec, particulièrement le rattachement des équipes à des paroisses ou à des établissements gérés par le clergé (écoles, collèges, etc.), est en effet de notoriété publique. Que Roch Carrier, dans son célèbre conte « Une abominable feuille d'érable sur la glace », plus populaire sous le titre « Le chandail de hockey », mette en scène un méchant vicaire est banal. Chez lui, tous se liguent contre le narrateur du conte, des autres enfants au chef d'équipe et au vicaire-arbitre, simplement parce que, à la suite d'une erreur de la maison Eaton's, il se voit forcé d'endosser le

---

7. Cité dans Chrystian GOYENS et Frank ORR, avec Jean-Luc DUGUAY, *Maurice Richard. Héros malgré lui*, Toronto et Montréal, Team Power Publishing Inc., 2000, p. 126.

8. Ce souvenir est tiré de *Maurice Rocket Richard*, documentaire de deux heures en deux parties, 1998. Réalisation : Karl Parent et Claude Sauvé. Production : Société Radio-Canada.

9. Paul Daoust cite de nombreux textes à dimension religieuse, entre autres journalistiques, dans *Maurice Richard. Le mythe québécois aux 626 rondelles*, Paroisse Notre-Dame-des-Neiges, Éditions Trois-Pistoles, 2006, 301 p. Ill.

maillot honni des Maple Leafs de Toronto devant neuf « Maurice Richard en bleu, blanc, rouge[10] ». Il n'est que deux exceptions à ce discours attendu. Si l'on ne va jamais jusqu'à dire qu'on lui doit des miracles avérés, on évoque souvent l'effet salvateur des visites ou des actions de Maurice Richard sur les enfants malades, lui qui est si généreux envers les hôpitaux et les orphelinats[11]. Dans la pièce de Jean-Claude Germain *Un pays dont la devise est je m'oublie*, Richard compte un but à la demande d'un « petit infirme[12] ». La presse est friande de ce genre de microrécits édifiants, dans lesquels le joueur se dépasse pour aider un enfant à lutter contre sa condition. Michel Lessart se souvient, en mai 1984, d'un article de cette nature.

J'avais 12 ans. Il y avait dans le journal la photo de Maurice Richard, en compagnie d'un garçon de mon âge. La légende expliquait que le jeune garçon, atteint de leucémie, devait mourir dans trois ou quatre mois et qu'il avait exprimé le désir de rencontrer le Rocket avant de quitter ce monde. Et le Rocket avait, bien entendu, acquiescé à sa demande. Ce jeune garçon n'avait pas demandé à voir les nichons de son infirmière. Il n'avait pas demandé à faire un voyage outre-

---

10. Roch CARRIER, « Une abominable feuille d'érable sur la glace », dans *Les enfants du bonhomme dans la lune*, Montréal, Stanké, 1979, p. 80. Repris sous le titre *Le chandail de hockey*, Montréal, Livres Toundra, 1984, [s.p.]. Avec des illustrations de Sheldon Cohen.

11. Voir Jacques LAMARCHE, *Maurice Richard. Album souvenir*, Montréal, Guérin, 2000, p. 33 ; Chrystian GOYENS et Frank ORR, avec Jean-Luc DUGUAY, *op. cit.*, p. 33 ; et Jean-Marie PELLERIN, *Maurice Richard. L'idole d'un peuple*, Montréal, Éditions Trustar, 1998 (1976), p. 544.

12. Jean-Claude GERMAIN, *Un pays dont la devise est je m'oublie*, Montréal, VLB éditeur, 1976, 2ᵉ partie, 8ᵉ tableau, p. 128.

Atlantique. Non. Son univers, c'était le hockey. Et je me souviens parfaitement d'avoir envié sa leucémie[13].

Robert Vanden Abeele, lui, est un de ceux qui ont reçu pareille visite durant un séjour à l'hôpital. Il raconte son expérience dans les pages de *La Presse* en décembre 1999, en réponse à un concours organisé par le journal sous le titre « Mon plus beau souvenir de sport ». Récemment amputé des jambes, le garçon de dix-sept ans tire une leçon morale des deux visites que lui a rendues le Rocket en novembre 1955 et de la promesse qu'il lui avait faite de marquer un but spécialement pour lui :

> Maurice Richard a été pour moi une source d'inspiration et de courage. Son désir de vaincre et sa volonté de fer sont toujours des exemples ; ils m'aident à surmonter le handicap qui me limite chaque jour de ma vie. Je lui suis très reconnaissant[14].

Richard tiendra promesse ; ce sera son 429ᵉ but. À sa mort, *La Presse* reviendra sur ce témoignage, en interviewant Vanden Abeele[15].

L'autre exception au discours commun sur Richard et la religion ne provient pas du Québec. Il s'agit d'un passage de la pièce *Les Canadiens* de Rick Salutin, jouée et publiée en 1977. Opposant le Richard d'avant et celui d'après l'élection du premier gouvernement indépendantiste, celui du

---

13. Michel Lessart, « Hockey et baseball. O'Keefe : 4 contre Molson : 1 », *Autrement*, 60, mai 1984, p. 222.

14. Robert Vanden Abeele, « La surprise de ma vie », *La Presse*, 30 décembre 1999, p. S8.

15. Voir Stéphanie Bérubé, « Robert Vanden Abeele n'oubliera jamais », *La Presse*, 28 mai 2000, p. A11. Voir aussi Alan Hustak, « Inspired by the Rocket. Hospital Visit Created Habs Fan for Life », *The Gazette*, 30 avril 2008, p. A1 et A3.

Parti québécois, le 15 novembre 1976, la pièce montre que cette élection va sonner la fin du mythe des Canadiens. Elle dit clairement qu'un âge est terminé et qu'un autre s'ouvre. Un personnage revient fréquemment dans la pièce de Salutin, celui d'une mère qui ne comprend pas pourquoi son fils est si attaché au hockey et, concurremment, pourquoi il ne prend pas sa situation politique en main. C'est à elle, finalement convertie à la « mystique » des Canadiens, que revient d'expliquer qui est Maurice Richard :

> Dieux du Forum,
> Forum Gods!
> Oh you, gloire à toi, Maurice.
> Oh Rocket, aux pieds longs,
> Tu es le centre de la passion
> Qui régénère notre nation,
> And you showed us the way and a light and a life.
> Oh you,
> Nous vous aimons et admirons!
> And yet Maurice, you are the one,
> Rocket, tu es le plus grand,
> Parce que tu es le centre et le centre est Québécois,
> Because you're the centre, and the centre is Québécois,
> Parce que tu es le centre, et le centre est Québécois[16]!

Devant une telle déclaration, plusieurs interprétations sont possibles. On est immédiatement frappé de son curieux bilinguisme – plus justement : de son curieux mélange des langues. On est sensible à l'ambivalence de celle qui parle : une idole, ça se tutoie (« Oh you, gloire à toi, Maurice ») ou non (« Nous vous aimons et admirons! »)? On peut se demander si les « pieds longs » de Maurice Richard ne sont

---

16. Rick SALUTIN, avec la collaboration de Ken DRYDEN, *Les Canadiens*, Vancouver, Talonbooks, 1977, 1er acte, p. 99.

pas une vague réminiscence des « pieds agiles » d'Homère (*Iliade*) ou de Virgile (*Énéide*). On note surtout la forte dimension religieuse du texte : « Dieux », « Gods », « gloire à toi », « passion », « régénère », « And you showed us the way and a light and a life » (il s'agit d'une allusion à l'Évangile selon saint Jean 14, 6). Avec ses répétitions, ce texte n'a-t-il pas aussi quelque chose d'une prière ? Peut-être fallait-il venir de l'extérieur du Québec pour ressentir le besoin, durant les années 1970, de marquer aussi nettement ce qui unit Maurice Richard à la religion.

Montrer le Rocket

Les images du Rocket ne sont pas moins révélatrices que ces bribes textuelles de la place que tenait la religion au Québec du temps de Maurice Richard.

Les magazines religieux, ou publiés par des maisons d'édition religieuse, n'hésitent pas à montrer Maurice Richard en couverture. C'est le cas en 1959 de *Hérauts* et de *L'Abeille*, des revues pour la jeunesse publiées par les Éditions Fides, qui sont la propriété des pères de Sainte-Croix, et en septembre 1960 du *Rosaire*, une publication dominicaine. La presse sportive donne aussi à voir le portrait d'un Maurice Richard en bon pratiquant. En première page de son édition du 2 janvier 1954, *Parlons sports* le photographie en train de donner la bénédiction paternelle à deux de ses enfants : la piété populaire traditionnelle (le geste solennel du bon père de famille, la génuflexion des enfants, le sapin décoré) se mêle au moderne (la télévision bien en vue à côté du sapin)[17]. Dans le vestiaire des

---

17. *Parlons sports*, vol. 1, n⁰ 13, 2 janvier 1954, p. 1. Une photo semblable est visible dans Chrystian GOYENS et Frank ORR, avec Jean-Luc DUGUAY, *op. cit.*, p. 120.

Canadiens, un photographe est aussi présent lorsqu'un missionnaire oblat offre au numéro 9 un chapeau traditionnel africain[18].

La mise en parallèle d'images dit également quelque chose de la place de Maurice Richard dans la sphère du religieux. On raconte qu'il appréciait la ressemblance entre lui et une des personnalités religieuses les plus en vue du Québec au XXe siècle, le cardinal Paul-Émile Léger (1904-1991): sur certaines photos, leurs visages sont interchangeables. Pour les réalisateurs du documentaire *Maurice Rocket Richard*, Karl Parent et Claude Sauvé, et pour un de leurs invités, le chansonnier Pierre Létourneau, ce qui unit Richard et Léger est leur regard[19]. L'analogie est la même dans le docudrame de Jean-Claude Lord et Pauline Payette en 1999: le comédien Émile Genest parle, pour l'un et pour l'autre, d'yeux comme des «morceaux de charbon[20]».

Ce parallélisme visuel s'ancre dans des contacts réels entre les deux hommes. Le 23 janvier 1953, Maurice Richard accueille Paul-Émile Léger à sa descente de bateau à New York[21]. Cinq ans plus tard, il participe aux bonnes œuvres du cardinal: «Invité au Salon de l'Agriculture en février [1958], Maurice Richard fait l'acquisition d'un bœuf de près de 1000 livres qu'il destine aux œuvres de charité du car-

---

18. Voir Jacques LAMARCHE, *op. cit.*, p. 11.

19. Voir Karl PARENT et Claude SAUVÉ, *Maurice Rocket Richard*, documentaire cité.

20. Voir *Maurice Richard. Histoire d'un Canadien/The Maurice Rocket Richard Story*, docudrame de quatre heures en deux parties, 1999. Réalisation: Jean-Claude Lord et Pauline Payette. Production: L'information essentielle.

21. Voir Micheline LACHANCE, *Paul-Émile Léger. Le prince de l'Église. Tome 1*, Montréal, Éditions de l'Homme, 2000, p. 180.

dinal Paul-Émile Léger[22]. » Toujours dans les années 1950, le premier aurait participé à la Grand' Corvée du second[23]. Enfin, Gérard Gosselin rapporte que, à « l'occasion de la bénédiction de l'Aréna du collège de L'Assomption, on retrouve Maurice aux côtés de Son Éminence qui en profite pour souligner les bienfaits du sport et l'importance de la santé physique pour les jeunes des collèges classiques[24] ». Dans le Québec de la supposée Grande noirceur, le goupillon n'était jamais très loin du bâton de hockey.

Une seconde comparaison iconographique a des racines plus profondes. Le magazine américain *Sport* d'avril 1955 publie une photo de Richard fort différente de celles qu'on voit habituellement[25]. Une épaule le tirant vers le sol et l'autre vers le ciel, les yeux tournés vers ce ciel, son bâton le protégeant et pointant lui aussi vers le ciel, le visage couvert d'une légère couche de sueur, ce Maurice Richard-là a tout du saint Sébastien de Luca Giordano, le peintre baroque du XVIIe siècle[26]. Entre le Richard de *Sport* et « Le martyre de saint Sébastien », on peut multiplier les points communs : la position des épaules est la même, le cou est en extension dans les deux cas, les yeux sont également à

---

22. Pierre Bruneau et Léandre Normand, *La glorieuse histoire des Canadiens*, Montréal, Éditions de l'Homme, 2003, p. 259.

23. Voir Alain de Repentigny, *Maurice Richard*, Montréal, Éditions La Presse, coll. « Passions », 2005, p. 98. Cette information se trouve dans la légende d'une photo où l'on voit Richard et Léger se serrer la main.

24. Gérard Gosselin, *op. cit.*, p. 110.

25. Voir Jack Newcombe, « Montreal's Flying Frenchmen », *Sport*, vol. 18, no 4, avril 1955, p. 48.

26. Voir Luca Giordano, « Le martyre de saint Sébastien », Musée Fesch, Ajaccio. URL : <http://www.musee-fesch.com/html/collection_permanente/collection/naples.html>. Page consultée le 13 février 2008.

la limite de la révulsion, les deux corps se détachent d'un fond noir, là où l'un a une flèche au flanc, l'autre tient son bâton. À ces coïncidences, visuelles, s'en ajoute une autre, historique : la photo paraît dans la livraison d'*avril* 1955 du magazine américain, mais elle est visible sur les murs du Forum de Montréal dès le 17 *mars* 1955, puisqu'elle accompagne la publicité du magazine ; or, ce soir-là, il y aura une émeute au Forum, entraînée par la suspension imposée à Richard par le président de la Ligue nationale de hockey, Clarence Campbell. Sébastien aurait été un soldat de l'armée romaine et il aurait vécu à la fin du IIIe siècle ; il aurait été transpercé de flèches par les ordres de l'empereur Dioclétien parce qu'il était chrétien. Maurice Richard, lui, n'a pas été victime de ses convictions religieuses, mais il est néanmoins, comme Sébastien, ce soldat de Dieu, un être fabuleux et un martyr. On pourrait même aller plus loin : les participants à l'émeute du 17 mars 1955 avaient déjà sous les yeux l'image du martyr qu'allait devenir Richard ce soir-là.

Ce que disent l'illustration de presse, la photographie et la peinture, le cinéma le redira à son tour.

Maurice Richard. Histoire d'un Canadien/The Maurice Rocket Richard Story est un docudrame réalisé par Jean-Claude Lord et Pauline Payette : une fiction se mêle à un documentaire. Dans la partie fictive du film, il est trois fois question de pratique religieuse : le père de Maurice Richard récite le bénédicité avant un repas dans l'appartement de son fils, au moment de la signature de son premier contrat ; on entend le chapelet qu'on récitait en famille, quand Richard était enfant, en écoutant la radio ; il est question de la présence des joueurs à la messe quand ils jouaient à l'étranger. En 2005, dans son *Maurice Richard*, Charles Binamé ne parle lui aussi que très allusivement de religion. Le joueur se marie à l'église. Il se signe en sautant sur la glace. Une petite fille, interviewée à la radio avant un match, dit qu'elle récite sa prière tous les jours. Le nom de Paul-Émile Léger figure en première page du journal que tient le coiffeur de Richard, Tony Bergeron ; ce journal est *Samedi-Dimanche*, qui a accueilli pendant un temps une chronique de Maurice Richard, *joueurnaliste* avant l'heure[27]. Le spectateur sensible aux questions religieuses n'en saura pas plus.

Comme en matière de photographie et de peinture, les parallélismes cinématographiques sont peut-être plus révélateurs que les images prises isolément, car ils reposent sur des ressemblances explicites ou implicites. En 1971, *Peut-être Maurice Richard*, le long métrage de Gilles Gascon[28], s'inscrit dans le cadre d'une série de quatre films produits par l'Office national du film du Canada et conçus à l'initiative de Pierre Maheu, le cofondateur de la revue *Parti pris* (laïque, socialiste, indépendantiste). Dans « Les quatre grands », à côté de Maurice Richard, défilent trois autres idoles québécoises, le frère André (*On est loin du soleil*, Jacques Leduc, 1970), le chanteur western Willie Lamothe (*Je chante à cheval avec Willie Lamothe*, Jacques Leduc et Lucien Ménard, 1971), l'homme politique Maurice Duplessis (*Québec: Duplessis et après...*, Denys Arcand, 1972). Dans *100 Québécois qui ont fait le xxᵉ siècle. Les héros mythiques*, le documentaire de Jean Roy, le premier des quatre segments porte sur Richard, les autres sur la chanteuse Céline Dion, Paul-Émile Léger et le frère

---

27. Voir *Maurice Richard/The Rocket*, film de fiction de 124 minutes, 2005. Réalisation : Charles Binamé. Production : Cinémaginaire.
28. *Peut-être Maurice Richard*, documentaire de 66 minutes 38 secondes, 1971. Réalisation : Gilles Gascon. Production : Office national du film du Canada.

André[29]. Que l'on parle de «grands» ou de «héros mythiques», il y a Maurice Richard et il y a, entre autres figures, des personnalités religieuses, le cardinal de Montréal (Paul-Émile Léger) ou un auteur supposé de miracles (Alfred Bessette, né en 1845, mort en 1937, le frère André en religion). L'on reste en territoire connu.

La déification du Rocket

Il arrive donc – dans des textes, dans des illustrations, dans des films – que le nom de Maurice Richard soit associé à la religion dominante au Québec, le catholicisme. La plupart du temps, cela reste allusif. Il n'est qu'un moment où le religieux sera massivement présent: à la mort de Richard en mai 2000.

On n'avait pas manqué jusque-là de souligner combien Maurice Richard avait presque le statut d'un demi-dieu, voire d'un dieu, au Québec. Le narrateur de la nouvelle «Hockey Angels» de Peter LaSalle évoque, comme si elle allait de soi, la béatification du *Rocket* («*beatified Maurice Rocket Richard*[30]»). Le romancier Hugh MacLennan et le journaliste Sidney Katz écrivaient dès 1955 que le joueur était considéré par ses compatriotes comme un «dieu tribal» («*a tribal god*»)[31]. Pour Hubert Aquin et Andrée Yanacopoulo, Richard est un héros, et «le héros, rappelons-le, est un demi-dieu, vers qui se tourne le peuple, à

---

29. *100 Québécois qui ont fait le XXe siècle. Les héros mythiques*, documentaire de 51 minutes, 2003. Réalisation: Jean Roy. Production: Eurêka! Productions/Télé-Québec.

30. Peter LASALLE, «Hockey Angels», dans *Hockey sur Glace*, New York, Breakaway Books, 1998, p. 20.

31. Sidney KATZ, *loc. cit.*, p. 102; Hugh MACLENNAN, «Letter from Montreal. The Explosion and the Only Answer», *Saturday Night*, vol. 70, n° 27, 9 avril 1955, p. 10.

qui il rend hommage, à qui, dirons-nous en langage moderne, il s'identifie car il voit en lui son modèle exemplaire[32] ». En 1971, Richard Beddoes, Stan Fischler et Ira Gitler parlent de « demi-dieu gaulois[33] ». Beddoes revient à la charge 19 ans plus tard : le « *Gallic demigod* » est devenu un « *Quebec demigod*[34] ». Les concepteurs du film *Maurice « Rocket » Richard* de la série « Minutes Historica » ne pensent pas autrement : « Farouchement compétitif et véritable dieu de la glace, Maurice Richard avait le génie du hockey[35]. » Il arrive même que l'analogie soit spécifique : « J'ai l'impression d'ętte un géant... une sorte de saint Christophe qui porte tout lQuébec sus sé-z-épaules ! » dit le personnage de Richard dans la pièce de Jean-Claude Germain[36] ; Hugh Hood préfère « le Joseph de la Bible, le prince autoritaire et irascible[37] ».

Qu'est-ce qui change en l'an 2000 ? Qu'y a-t-il de neuf à la mort de Richard ? Trois phénomènes, étroitement imbriqués, doivent retenir l'attention. On rend un culte au

---

32. Hubert AQUIN et Andrée YANACOPOULO, « Éléments pour une phénoménologie du sport », dans Pierre PAGÉ et Renée LEGRIS (édit.), *Problèmes d'analyse symbolique*, Montréal, Presses de l'Université du Québec, coll. « Recherches en symbolique », n° 3, 1972, p. 137.

33. Richard BEDDOES, Stan FISCHLER et Ira GITLER, *Hockey! The Story of the World's Fastest Sport*, New York et Toronto, Macmillan, 1971 (1969), p. 168.

34. Dick BEDDOES, *Dick Beddoes' Greatest Hockey Stories*, Toronto, Macmillan of Canada, 1990, p. 51. Voir aussi p. 50.

35. *Maurice « Rocket » Richard*, docudrame d'une minute, 1997. Production : Minutes Historica. URL : <http://www.histori.ca/minutes/minute.do?id=10492> (version française) et <http://www.histori.ca/minutes/minute.do?id=10217> (version anglaise). Consultation le 13 février 2008.

36. Jean-Claude GERMAIN, *op. cit.*, p. 131.

37. Hugh HOOD, *Puissance au centre : Jean Béliveau*, Scarborough, Prentice-Hall of Canada, 1970, p. 87.

héros mort; ce culte est empreint de références très nombreuses au catholicisme; la nostalgie est récurrente. Maurice Richard meurt le 27 mai 2000. Aussitôt annoncée sa mort, les partisans endeuillés se cherchent des points de ralliement. Le lieu de ses hauts faits d'armes sportifs, le Forum, en cours de transformation en Centre Pepsi, ne fait pas l'affaire pour ces pleureurs de la première heure, pas plus que le Centre Molson, où jouent désormais les Canadiens, jugé trop impersonnel. Quelques-uns fileront à l'Hôtel-Dieu, où Richard est mort, mais le lieu est trop peu associé au joueur pour pouvoir convenir. On est en quête d'un lieu symbolique susceptible de regrouper le plus grand nombre. Autrement dit: où se recueillir?

Ce sera devant la maison de Richard, rue Péloquin, dans le nord de Montréal. On y déposera des souvenirs, des fleurs et des messages d'adieu. Les enfants sont nombreux à venir. C'est un proche, parfois un voisin, que l'on pleure.

Mais tout le monde ne sait pas où habitait Maurice Richard. On se réunira alors à l'aréna qui porte son nom dans l'est de Montréal, devant la statue de lui qu'on y trouve. Des gens de toutes générations iront y offrir un tribut à leur héros. On revêtira le joueur de bronze du drapeau fleurdelisé du Québec et d'une écharpe aux couleurs des Canadiens. On laissera à ses pieds des fleurs, des dessins, des photos, des collages et des objets bigarrés (ruban adhésif, chandelle, cigare, bâton de hockey). Sur cet autel, on déposera des masses de messages:

Il y a un être cher
de moins sur la terre
Mais... il y a une
étoile de plus au ciel.
Maurice CH #9.

Dans ces messages, l'emploi du prénom et le tutoiement sont monnaie courante : « À Dieu mon grand. On t'aime » ; « Maurice. On dit pas adieu à un homme comme toi. On dit salut!!! » ; « Ton souvenir est comme un livre bien aimé, qu'on lit sans cesse et qui jamais n'est fermé. Merci Maurice 9. » On ne recule pas devant les invocations : « Le Dieu du hockey. Voici le temps venu de porter le flambeau vers l'haut-delas. Bon voyage Rocket! » ; « Au Rocket, sois heureux et veille sur moi. » Les passants échangeront leurs souvenirs du Rocket, entre eux ou pour les journalistes. On viendra même prier : la presse publiera une photo d'une femme agenouillée devant la statue du hockeyeur[38].

Le 30 mai 2000, de 8 heures à 22 heures, le corps de Maurice Richard est exposé en chapelle ardente au Centre Molson. Ce centre sportif a remplacé le Forum en 1996 et Richard n'y a jamais joué, mais il est devenu le domicile des Canadiens et, à ce titre, il s'imposait comme lieu de recueillement. Le cercueil reposait sur la surface de jeu. La mise en scène insistait sur la solennité de l'événement. La famille de Richard se tenait près du cercueil. Deux affiches géantes représentaient le Rocket : l'une, en noir et blanc, était une photo ancienne qui mettait en valeur le regard du joueur ; l'autre, en couleurs, montrait Richard revêtu du chandail rouge des Canadiens, le chandail numéro 9 bien sûr, un flambeau à la main. La bannière bleu-blanc-rouge signalant que le numéro 9 de Maurice Richard avait été retiré et que plus personne ne pouvait le choisir parmi les joueurs des Canadiens avait été ramenée des cintres à la hauteur de la patinoire. La musique d'ambiance était classique : Mahler, Gounod, Brahms, Satie,

---

38. La photo est de Shaun Best, de l'agence Reuters ; elle se trouve dans *Le Devoir* du 29 mai 2000, p. A3.

Massenet, Mozart, Vivaldi, Bach. Plus de 115 000 fidèles auraient défilé devant le cercueil ouvert de l'idole du lieu. Ils pouvaient laisser un témoignage en signant un registre installé sous un chapiteau situé près du Cours Windsor, à côté du Centre Molson. Comme à l'aréna Maurice-Richard, ces témoignages ont souvent une dimension religieuse : « Le Rocket, élu de Dieu » ; « After God is Maurice » ; « Je suis venu te demander d'aller voir mon père au ciel » ; « Merci Dieu pour nous avoir donné Richard. » Paul Daoust a eu accès à une centaine d'albums regroupant ces témoignages et il en commente une dizaine dans son livre de 2006. Il insiste sur leur triple dimension familiale, politique et religieuse[39].

Le lendemain, le 31 mai, les funérailles nationales de Richard sont célébrées en la basilique Notre-Dame de Montréal. Le convoi funéraire parvient à la basilique après avoir emprunté la rue Sainte-Catherine, celle de l'ancien Forum et de l'Émeute. Environ 3000 personnes sont admises dans la basilique. S'y côtoient la famille et les ex-coéquipiers, les politiques et les médiatiques. À l'extérieur, sur la place d'Armes, la cérémonie est visible sur écran géant. L'office est célébré par le cardinal Jean-Claude Turcotte, qui justifie, dans son homélie, le choix du lieu :

Nous sommes présentement dans une église pour dire adieu à Maurice Richard.

Pas n'importe quelle église. La plus prestigieuse que nous possédons à Montréal. Celle qu'il n'aurait sans doute pas choisie lui-même – il était humble –, mais celle que nous croyons tout à fait justifié de lui offrir.

Il y a un peu plus d'un an, j'ai eu l'occasion de causer longuement avec Maurice Richard. Plus d'une heure.

---

39. Voir Paul DAOUST, *op. cit.*, p. 155-164.

Il était comme je viens de vous le dire.

Et j'ai alors perçu qu'il était un croyant et qu'il tenait aux valeurs religieuses qui lui avaient été transmises dès son jeune âge.

Fidèle à son sport, fidèle à son club, fidèle à sa famille et à ses amis, fidèle à son peuple, il a aussi voulu être fidèle à son Dieu. C'est pourquoi ses funérailles ont lieu dans une église[40].

Un des amis de Maurice Richard, Paul Aquin, un de ses neveux, Stéphane Latourelle, et un de ses fils, Maurice Richard fils, s'adressent au public. On lit deux passages de la Bible. Le premier provient de la seconde lettre de saint Paul Apôtre à Timothée (4, 7-8). S'y mêlent la fierté de s'être toujours battu et la confiance en une récompense à venir : « Je me suis bien battu, j'ai tenu jusqu'au bout de la course, je suis resté fidèle. Je n'ai plus qu'à recevoir la récompense du vainqueur [...]. » Le second est tiré de l'Évangile selon saint Jean (14, 2-3) : « Je pars vous préparer une place [...] je reviendrai vous prendre avec moi ; et là où je suis, vous y serez aussi. » La chanteuse populaire Ginette Reno interprète, comme aux funérailles de son propre père, *Ceux qui s'en vont, ceux qui nous laissent* : d'un père à l'autre, il n'y a qu'un pas. On joue du Fauré, du Gounod, du Franck, du Bach, des hymnes et des psaumes. Les huit porteurs sont d'anciens joueurs des Canadiens, retenus parce qu'ils avaient joué avec Richard. Le tout est retransmis par la majorité des télévisions francophones québécoises et quelques anglophones. L'Assemblée nationale a suspendu ses débats et les drapeaux sont en berne.

La solennité n'est pas moindre que la veille, même si elle est modulée de plusieurs façons. Le cardinal Turcotte,

---

40. Homélie reproduite dans Jacques LAMARCHE, *op. cit.*, p. 129.

au courant de l'amour de Maurice Richard pour cette activité, lui souhaite une bonne pêche céleste : « Au ciel, il y a les Apôtres, qui étaient des pêcheurs. D'excellents pêcheurs ! [...] Bonne pêche, Maurice[41] !» Des gens crient « Merci Maurice », comme si l'utilisation du prénom allait de soi. Le public applaudit la dépouille et lui offre une dernière ovation debout, ce qui étonnera au Canada anglais, mais pas au Québec. Ce n'est pas partout qu'on applaudit dans une église.

De l'est de Montréal (l'aréna Maurice-Richard) au nord (sa maison), comme du centre-ville (le Centre Molson) au Vieux-Montréal (la basilique Notre-Dame), on retiendra que Maurice Richard a réuni, dans les derniers jours de mai 2000, des centaines de milliers de personnes, des millions si l'on ajoute à cela les reportages journalistiques, radiophoniques, télévisuels, numériques. Ces personnes ont entendu à profusion que Richard et religion avaient partie liée.

Les journaux, québécois comme étrangers, francophones aussi bien qu'anglophones, martèlent le même argument. Pour *Libération*, le Québec vient de perdre en Richard son « saint de glace[42] ». Un de ses partisans, interviewé par *Le Journal de Montréal* le soir du 27 mai 2000, est catégorique : « C'est le premier saint québécois. Celui qui a ouvert la voie à l'affirmation nationale...[43] » Le quotidien anglo-montréalais *The Gazette* s'inscrit dans un registre semblable quand il cite l'ex-arbitre Red Storey :

---

41. *Ibid.*
42. Alain GERBIER, « Hockey. Maurice Richard, véritable légende, est mort à 78 ans. Le Québec pleure son saint de glace », *Libération*, 29 mai 2000, p. 32.
43. Cité par Patrick LAGACÉ, « Le Rocket nous a quittés », *Le Journal de Montréal*, 28 mai 2000, p. 3.

« *He wasn't the greatest skater in the world, he wasn't the greatest stickhandler in the world, but the guy upstairs sent him down just to show everybody how determination could score goals.* » Ce n'est ni un grand patineur (« *skater* ») qu'on célèbre ni un grand manieur de bâton (« *stickhandler* »), mais un modèle de détermination et un envoyé de Dieu (« *the guy upstairs* »). Qui de mieux que Lui pour expliquer la grandeur du disparu[44] ?

Il va de soi qu'un mythe national comme Richard ne peut aller que directement rejoindre « *the guy upstairs* » au paradis, et les caricaturistes n'ont pas manqué l'occasion de le faire voir. Garnotte, dans *Le Devoir* du 30 mai 2000, décrit la rencontre de Richard et de saint Pierre. Vêtu d'une aube semblable à son chandail des Canadiens, des ailes au dos, auréolé de l'écusson du club de Montréal, un Maurice Richard aux traits émaciés se présente devant le portier du paradis. Celui-ci consulte un dossier intitulé « M. Richard », duquel il tire une feuille sur laquelle on peut lire « Mars 1955. Émeute ». À côté de lui, jumelles pointées vers le monde des mortels, un ange le conseille : « Ne l'envoyez pas au purgatoire… Sinon je pense qu'il va y avoir une autre émeute à Montréal[45] !!! » Dans *La Presse*, Serge Chapleau, le 29 mai 2000, travaillait dans le même registre. Son Richard est vieilli mais serein, son chandail numéro 9 sur le dos. Dans un phylactère, une voix, dont il est facile de deviner qu'elle est divine, s'adresse à lui : « Maurice, n'oublie pas ton équipement[46] ! » Le caricaturiste du *Globe and Mail*, Gable, est moins catégorique, le

---

44. Cité par Pat HICKEY, « Rocket Dies at Age 78. Hockey World Pays Tribute to Great Star », *The Gazette*, 28 mai 2000, p. A2.

45. GARNOTTE, *Le Devoir*, 30 mai 2000, p. A6.

46. Serge CHAPLEAU, *La Presse*, 29 mai 2000, p. A5.

30 mai 2000. On y voit Richard s'éloignant du lecteur, de dos, avec tout son uniforme, maniant la rondelle. Il vient de franchir des portes[47]. Celles du paradis ? De l'Élysée ? Une chose est sûre : sur la terre comme au ciel, Richard est un bienheureux.

Persistance du religieux

Après la mort de Richard, les allusions à la dimension religieuse de l'homme et du personnage ne seront pas moins fréquentes, bien au contraire.

Vingt ans après son conte « Le chandail de hockey », Roch Carrier revient à son héros, mais dans un nouveau registre. Il mêle ses souvenirs à ceux de Maurice Richard. Il se souvient du Québec au sortir de la Deuxième Guerre mondiale. Il revoit les exploits de son idole. Il revit le catholicisme de sa jeunesse et de son parcours scolaire. Rédigée juste avant sa mort, mais publiée juste après, son « ode à Maurice Richard[48] » est truffée de comparaisons, certaines prévisibles, d'autres moins. Maurice Richard est proche de Jésus, quand il n'est pas un saint, et il arrive que son visage soit celui du « Christ crucifié[49] ».

Cette association n'est jamais plus explicite que quand Carrier raconte le match du 8 avril 1952 – match auquel il n'a pas assisté. En troisième période, durant les séries éliminatoires, au Forum, Richard marque un but, qui deviendra le but gagnant du match et de la série, contre Jim « Sugar » Henry, des Bruins de Boston, après avoir été sérieusement blessé auparavant dans le match, au point

---

47. GABLE, *The Globe and Mail*, 30 mai 2000, p. A18.
48. Roch CARRIER, *Le Rocket*, Montréal, Stanké, 2000, quatrième de couverture.
49. *Ibid.*, p. 150. Voir aussi p. 69, 107 et 163.

de perdre conscience. Cela se passait en deuxième
période.

> Le Rocket s'affale sur le dos, jambes écartées, les bras en
> croix. Les partisans pensent au Christ crucifié. Dans la
> catholique province de Québec, en ce temps de l'année, on
> pense beaucoup au Vendredi saint, le jour où le Christ est
> mort sur la croix. Le silence, au Forum, est consternant. Les
> gens voudraient se mettre à genoux. Pâques, le jour de Sa
> Résurrection, n'est pas loin non plus... Soudain le Rocket
> bouge. La foule éclate. Le Christ ressuscite[50]!

On peut discuter pour savoir s'il s'agit bel et bien du « plus
beau [but] de l'histoire du monde[51] ». En revanche, une
chose est sûre : aucun n'a été décrit avec autant d'insistance sur la figure christique de Richard, et par un non-
spectateur.

En 2002, l'entreprise Collections Classic Collectibles
est chargée, par sa famille, de mettre à l'encan la collection
personnelle du Rocket. Elle publie pour l'occasion un beau
catalogue de 64 pages : photos couleur, papier glacé, descriptions détaillées. Le catalogue contient 289 lots, presque
tous provenant de la succession familiale. Il y a de tout :
des médailles et de très nombreux trophées, dont des
répliques de la coupe Stanley, décernée à l'équipe cham-
pionne de la Ligue nationale de hockey ; du matériel visuel
(affiches, tableaux, photos) ; des pièces d'équipement
(bâtons et chandails) ; des plaques commémoratives nombreuses, glanées au long d'une carrière riche en récom-
penses ; des documents officiels (lettres de félicitations,
contrats, passeports, laissez-passer de tramway, menus
pour repas d'apparat) ; des vêtements ; des calendriers et

---

50. *Ibid.*, p. 185.
51. *Ibid.*, p. 186.

des programmes sportifs; des cartes de toutes sortes (d'anniversaire, à jouer, professionnelles, postales); des objets publicitaires (briquets, cendriers, couteaux de poche); de la vaisselle; des produits publicisés par Richard lui-même; des livres (peu) et des revues. Il fallait s'attendre à ce que les descriptions vantent les choses à vendre, mais quelques commentaires étonnent: les bâtons de Richard sont faits de « bois sacré » (« *The holy lumber* »); un de ses chandails est comparé au saint suaire (« *Shroud of Turin* »). Les vendeurs du Temple ont appris leur histoire sainte.

L'image est forte, mais les commerçants ne sont pas les seuls à y avoir recours. Dans son album de souvenirs, le journaliste Alain de Repentigny rappelle combien Richard était sollicité par ses partisans: « Parler à Maurice, c'était comme toucher au saint suaire[52]. » Le roman pour adolescents *En territoire adverse* de Gaël Corboz va bien plus loin. La volonté de continuellement se surpasser y est symbolisée par une serviette que l'on dit trempée de la sueur de Maurice Richard. Grâce à cette serviette offerte par son grand-père Théo, le petit Cédric Chevalier deviendra miraculeusement un redoutable joueur de hockey. Le lexique religieux nourrit périodiquement la description: « On pourrait même dire que cette serviette-là, c'est le saint suaire de la Flanelle[53] »; « la serviette magique[54] »; « le suaire du "Rocket"[55] »; « saint suaire de la Flanelle[56] ». Le jeune garçon jouait pour les Saints de Pat.-Guy-Jean;

---

52. Alain DE REPENTIGNY, *op. cit.*, p. 16.

53. Gaël CORBOZ, *En territoire adverse*, Saint-Lambert, Soulières éditeur, coll. « Graffiti », nᵒ 37, 2006, p. 76-77. La « Flanelle » désigne l'uniforme des Canadiens.

54. *Ibid.*, p. 106.

55. *Ibid.*, p. 110.

56. *Ibid.*, p. 130.

adulte, il fera carrière avec les Canadiens. Il finira par comprendre qu'il n'a pas besoin de la sueur du « saint numéro 9[57] » pour réussir, que c'était un « pieux mensonge » que lui avait raconté son grand-père[58], et qu'au contraire il a en lui tout ce qui est nécessaire pour se dépasser. Pourtant, le narrateur n'aura eu de cesse d'inscrire cette réussite dans l'ordre du religieux, jusque dans le portrait de la mère morte de Cédric : ses sourires étaient « angéliques[59] ». Il a beau paraître à une époque durant laquelle la pratique religieuse est en chute libre, le roman s'appuie constamment sur un univers religieux.

Richard faiseur de miracles ? Ce n'est pas le seul cas.

En 2006, Paul Daoust parle de « Maurice le thaumaturge[60] ». Il donne trois exemples. L'un date des jours qui ont suivi la mort de Maurice Richard : un père ou une mère lui demande, dans un album de messages funéraires, de « donner la force à [sa] fille très malade[61] ». Un autre provient d'un texte du journaliste sportif Louis Chantigny paru dans *Le Petit Journal* du 2 octobre 1960 : « La narration de ses exploits à la radio a jadis, l'espace d'un but, parfois d'une joute, dissipé chez un grand malade son effroyable peur de la mort[62]. » Il y a néanmoins plus spectaculaire :

> Le soir du 6 avril 1957, Richard compta quatre buts dont le quatrième a eu un retentissement considérable dans un hôpital de Québec. Suite à une crise cardiaque, un homme ne pouvait plus parler. Hospitalisé, en chaise roulante, il se

57. *Ibid.*, p. 162.
58. *Ibid.*, p. 130.
59. *Ibid.*, p. 12.
60. Paul DAOUST, *op. cit.*, p. 44.
61. *Ibid.*, p. 159.
62. Cité *ibid.*, p. 198.

fait installer devant la télé avec d'autres malades. Au quatrième but du Rocket, notre patient lâche un cri qui fait frémir l'hôpital. Le voilà guéri: il a recouvré l'usage de la parole[63].

Il est rare qu'on aille jusqu'à attribuer des dons de guérisseur à Maurice Richard – et de guérisseur télévisuel –, mais il est sans conteste que la croyance est à la source de ce type de récits.

On la voit à l'œuvre dans la fiction aussi bien que dans le récit de presse. En 2000, Michel Foisy publie deux éditions de son roman pour la jeunesse *La carte de hockey magique*, l'une avant la mort de Richard, l'autre après. Au début de l'histoire, le petit Maxime Laforest est handicapé : à la suite d'un accident de voiture, il marche difficilement et il est incapable de patiner. À la fin, il a rejoint les rangs de l'équipe AAA des Élites, l'équipe de hockey de la banlieue où il habite. Entre les deux? Il a hérité d'une machine à remonter le temps, la LTP 2000, qui lui permet de discuter avec les joueurs représentés sur les cartes de sa collection. Il en profite pour recevoir les bons conseils de Maurice Richard, qui deviendra son «gourou[64]».

Je me rendais compte de l'emprise que Maurice Richard avait sur moi. Peut-être possédait-il assez d'influence pour redonner la vitalité à mes jambes? Je n'allais pas rater cette chance unique! Évidemment, ce n'était pas le frère André de l'oratoire Saint-Joseph[65]!

On l'a vu, ce n'est ni la première ni la dernière fois que le nom de Richard est associé à celui que l'on a surnommé «le thaumaturge du mont Royal».

---

63. *Ibid.*, p. 44.
64. Michel FOISY, *La carte de hockey magique*, Sainte-Thérèse, Michel Foisy, 2000 (deuxième tirage revu et corrigé), p. 108.
65. *Ibid.*, p. 73.

Il y eut un culte. Il y a des miracles et des reliques[66]. Il ne manquait plus qu'une prière. En 2007, l'incipit de la chanson « Hockey bottine » de Réal Béland l'offrira : « Notre père le Rocket qui êtes aux cieux[67]. » Voilà qui distingue Maurice Richard des autres hockeyeurs. Plusieurs joueurs invoquent des forces sacrées pour expliquer leurs exploits. La presse n'hésite jamais à parler des prières que d'autres formulent. La publicité nourrit volontiers la nostalgie : « Y a p'tête pus grand monde à messe, mais y a du monde en ta aux Méchants mardis Molson Ex », affirme un message de la chaîne sportive RDS du printemps 2008 pour mousser ses matchs du mardi. Ce qui entoure Richard est d'un autre ordre. La religiosité qui s'y manifeste, si elle comporte évidemment une dimension individuelle, s'inscrit clairement dans un cadre collectif et historique. Avec Maurice Richard, quelque chose est mort, qui n'est pas seulement un joueur de hockey : un état de société dans lequel une figure plus grande que nature incarnait les croyances de tout un chacun et créait par là un lien social profond.

Jean Béliveau, un des coéquipiers de Maurice Richard, a déjà rencontré le pape Paul VI[68]. Un autre, Bernard Geoffrion, se décrivait volontiers comme un « *born-again Christian* » et il avait la religion ostensible[69]. À la différence

---

66. Il y en avait déjà dans le poème « Postérité » de Bernard POZIER en 1991 ; voir *Les poètes chanteront ce but*, Trois-Rivières, Écrits des Forges, coll. « Radar », n° 60, 1991, p. 70.

67. « Hockey bottine », dans *Réal Béland Live in Pologne*, 2007, 4 minutes. Interprétation : Réal Béland. Disque audionumérique. Étiquette : Christal Musik CMCD9954.

68. Voir Jean BÉLIVEAU, Chrystian GOYENS et Allan TUROWETZ, *Ma vie bleu-blanc-rouge*, traduction et adaptation de Christian Tremblay, Montréal, Hurtubise HMH, 2005 (1994), p. 330-332.

69. Voir Bernard GEOFFRION et Stan FISCHLER, *Boum Boum Geoffrion*, traduction de Jacques Vaillancourt, Montréal, Éditions de l'Homme, 1996, 365 p. Ill.

de Béliveau et de Geoffrion, ou de Jackie Robinson, Richard n'a guère eu de ces professions de foi. Cela ne l'a pas empêché d'être transformé en figure religieuse. Cette transformation est récente.

Auparavant, la religion de Maurice Richard allait de soi. On en trouvait des traces dans les textes et dans les images, mais il ne paraissait pas nécessaire d'insister sur cette facette de sa vie. Canadien français né en 1921, ayant vécu toute sa vie à Montréal, francophone, Maurice Richard devait être catholique, il devait être pratiquant, il devait se marier à l'église. La chose est tellement banale qu'elle n'a pas besoin d'être dite. Seules exceptions : les portraits de Richard en thaumaturge ou en dieu du Forum.

En 2000, tout prend de nouvelles dimensions. Il s'agit moins de mettre au jour la présence du religieux chez Richard et autour de lui, cela ayant été fait, même allusivement, depuis plusieurs décennies, que d'investir massivement la figure de Richard d'une plus-value sacrée. On inscrit désormais le Rocket dans une histoire, celle du Québec, et cette histoire est présentée à la fois comme presque révolue et comme indiscutablement religieuse. Il fut un temps où la société québécoise était largement catholique, où la pratique était commune, où l'on ne pouvait guère imaginer faire autrement. Maurice Richard était un homme de ce temps-là. Au moment de sa mort, et depuis, la nostalgie traverse les discours tenus sur lui. Il fut un temps heureux où l'on pouvait croire en plus grand que soi. Dorénavant, les idoles sont bien trop souvent terrestres. On paraît le regretter.

5

Les œuvres caritatives du Canadien, là où l'Esprit circule !

ALAIN PRONKIN

Faculté de théologie et de sciences des religions,
Université de Montréal

Le club de hockey Canadien de Montréal possède sa propre œuvre caritative : la Fondation des Canadiens de Montréal. La mission de cette personne morale liée au Canadien consiste à venir en aide aux enfants, surtout à ceux qui sont défavorisés ou malades ainsi qu'à ceux qui ont des besoins spéciaux. Elle leur alloue des ressources financières dans des domaines touchant la pauvreté, la

santé, le bien-être et le sport amateur. Depuis sa création en 2000, la Fondation a remis près de 6 millions de dollars à 250 organismes provenant de toutes les régions du Québec.

Les fondateurs de la Fondation sont Pierre Boivin, l'actuel président de l'équipe de hockey, Jean Béliveau et Guy Lafleur. Ces deux joueurs, grandes vedettes du Canadien, sont réputés pour avoir accumulé les records d'équipe. De plus, qui ne se souvient pas de l'ascension des chandails de ces deux grands du hockey dans le ciel du défunt Forum de Montréal, leur assurant ainsi l'immortalité aux yeux de tout le peuple québécois? Ces chandails, du reste véritables objets sacrés des temps modernes, ont été transportés du Forum de Montréal au Centre Bell, le nouveau temple du hockey où les Canadiens disputent leurs matches à domicile. Le numéro 4, porté par Jean Béliveau, ne sera plus jamais utilisé par un autre joueur du Canadien jusqu'à la fin des temps! Le numéro 10 de Guy Lafleur a été sacralisé de la même manière. Peu de joueurs du Canadien ont eu cet honneur qui est réservé aux plus grands, seulement 15 joueurs en 100 ans d'histoire[1].

Il en ressort que les pères fondateurs de cette fondation sont deux des plus grands Glorieux, ce qui dénote l'importance symbolique de cette œuvre caritative.

1. Voici les noms des quinze joueurs, suivis de leur numéro de chandail: Jacques Plante (1), Doug Harvey (2), Jean Béliveau (4), Bernard Geoffrion (5), Howie Morenz (7), Maurice Richard (9), Guy Lafleur (10), Dickie Moore (12), Yvan Cournoyer (12), Henri Richard (16), Serge Savard (18), Larry Robinson (19), Bob Gainey (23), Ken Dryden (29) et Patrick Roy (33).

Subsistance économique

Pour aider les enfants, la Fondation doit nécessairement tirer des revenus d'une source quelconque, exactement de la même manière qu'une Église ou que n'importe quel groupe religieux doit se doter de sources de financement afin de réaliser ses œuvres. Toutes les Églises ou toutes religions tirent généralement leurs revenus des donations de leurs fidèles, de la vente d'objets de culte ou de livres concernant leur enseignement et, dans certains cas, sont financées par l'État. Le club de hockey dispose de revenus provenant de la vente de billets, de la vente d'espaces publicitaires ou encore de droits de télédiffusion des parties de l'équipe. Mais ce n'est pas le cas de la Fondation, qui subsiste des seuls dons qu'elle reçoit. Nous devons souligner que bien que la Fondation du Canadien soit indépendante du club de hockey, les liens entre les deux sont tellement importants qu'il est impossible de concevoir l'existence de la Fondation sans l'existence du club de hockey, non pas sur le plan d'une existence légale mais sur celui de sa raison d'être.

Pour aider les enfants, la Fondation dépend des sommes qui lui sont données. En effet, tous les revenus proviennent de donations, tant de particuliers que d'entreprises. Les partisans sont donc régulièrement invités à faire des dons en espèces ou à acheter des billets de loterie durant les matchs de hockey, alors qu'ils sont réunis au Temple sacré du hockey. Notons que plusieurs entreprises d'envergure nationale et internationale versent des sommes d'argent à la Fondation.

Comme tout organisme communautaire, comme toute Église, c'est grâce au bénévolat de ses membres que la Fondation peut exister. Ainsi, plusieurs joueurs du Canadien participent aux différentes activités de la Fondation, aux différents événements qu'elle organise. Il est important de souligner que plusieurs d'entre eux ont créé leur propre fondation pour venir en aide aux plus démunis de notre société.

En somme, l'existence de la Fondation repose uniquement sur le dévouement de ses membres et sur les donations dont elle peut se prévaloir. La Fondation satisfait donc l'un des critères qui font une véritable Église : en matière de revenus, elle repose sur les dons et sur l'engagement bénévole.

Où va l'argent ?

Il ne fait aucun doute que la Fondation, conformément à ses statuts, a réellement remis des sommes d'argent importantes à des organismes venant en aide aux démunis. Il ne fait pas non plus de doute que les sommes remises par la Fondation aux différents organismes de charité ont été utilisées à des fins charitables.

Nous ajoutons que le Canadien, par le biais de la Fondation, donne des articles autographiés par les joueurs (devrait-on parler de reliques ?) à plus de 600 organismes communautaires. Les divers organismes utilisent les objets qu'ils reçoivent afin d'amasser des fonds pour poursuivre leur mission. Ils peuvent ainsi faire un encan, les proposer lors d'un tirage ou les utiliser comme prix de présence. Tous les revenus tirés de la vente de ces objets appartiennent à l'organisme, rien n'est remis au Canadien.

Il est donc clair que le Canadien aide les démunis par l'entremise des gestes posés par les individus œuvrant au sein de la Fondation. Ce fait nous paraît un élément essentiel, car il sert à nous convaincre que l'argent perçu par la Fondation ne l'est nullement dans l'intention d'enrichir le

Canadien, ni les individus qui en font partie, ni ceux qui y sont, de quelque manière, associés.

Comment lire cette action caritative à la lumière de la religion ?

Il serait facile d'affirmer que la Fondation n'est qu'un élément de marketing du club de hockey Canadien destiné à favoriser le positionnement social de l'équipe et, conséquemment, d'entraîner une qualification sociale positive de l'organisation. On pourrait prétendre que l'objectif du Canadien est d'amasser le plus de profits, d'améliorer son image. On pourrait penser que l'utilisation des enfants, de leur pauvreté et de leur maladie, est une exploitation honteuse au seul motif d'atteindre un objectif de rentabilité. On sait que l'utilisation de l'image d'enfants en publicité éveille les émotions du spectateur et provoque l'admiration générale, ce qui encourage les dons.

En venir à une telle conclusion équivaudrait à enlever à l'individu l'intention de tout bonnement aider son prochain. Nous serions alors enfermés dans une logique de stratégie de positionnement social, comme le relevait Jacques T. Godbout[2].

Dans son ouvrage sur le don, Godbout s'intéresse aux intentions qui se cachent derrière le don. Il remarque que le don n'est pas simplement un acte unilatéral du donateur, mais qu'il fait partie d'un système de relations sociales. Pour confirmer son hypothèse, il analyse plusieurs formes de donation qui vont du don de vie, du don de sang jusqu'aux déjeuners d'affaires. Pour lui, le simple fait de

---

2. Jacques T. GODBOUT, *L'esprit du don*, Boréal Compact, Les Éditions du Boréal, 1995, 345 p.

parler à quelqu'un constitue déjà un don. Il postule que le don sert à nouer des relations, à se positionner socialement. Le don existe à tous les niveaux de la vie des individus, que ce soit au niveau familial, du voisinage, d'amitiés, du milieu de travail, de la communauté. Il existe tant dans les pays organisés que dans ceux qualifiés de désorganisés. Le don est partout, il est au service du lien social qui échappe à tout formalisme. Toutefois, Godbout signale une difficulté dans sa théorie du positionnement social et de la création de liens sociaux. Il ne parvient pas à y intégrer le don de nature religieuse. Godbout s'intéresse à l'amour du prochain, au don qui donne le salut, et il s'interroge au sujet de la donation pour un motif purement religieux. Y a-t-il un objectif de positionnement social? Cette question reste sans réponse.

Quand on parle de don libre, l'exemple qui nous vient immédiatement à l'esprit, c'est l'œuvre de saint François d'Assise. On peut situer la vie de saint François d'Assise dans une perspective de contestation de l'ordre social. Ses écrits témoignent d'une contestation, puisqu'il traite de la même manière les princes et les serviteurs[3]. Nous ne pouvons pas envisager que ce dernier ait donné aux pauvres dans le but de se qualifier socialement aux yeux du monde qui l'entourait. Au contraire, nous pouvons concevoir qu'il a usé d'une déqualification sociale pour se requalifier religieusement, dans une perspective de dévouement total, y compris en faisant le don de sa personne.

On pourrait déduire que l'organisation capitaliste de la Fondation du Canadien n'est qu'une œuvre de marketing, c'est-à-dire une organisation qui fait affaire avec des

---

3. À cet égard, nous suggérons de lire Jacques LE GOFF, *Saint François d'Assise*, Paris Gallimard, 1999, 215 p.

entreprises et qui, en contrepartie des dons qu'elle reçoit, émet des reçus autorisant des déductions fiscales. Mais il nous apparaît que cette observation primaire ne respecte pas la théorie de Godbout. Celui-ci nous invite à nous intéresser aux intentions qui motivent le don.

Prenons donc quelques instants pour comprendre les motivations des gens qui travaillent pour la Fondation du Canadien, de tous ceux qui lui consacrent bénévolement leur temps et leur argent (sans chercher de déduction fiscale), ainsi que leur vie. Pour ce faire, nous utiliserons la théologie de saint Paul.

Comme le dit un vieil adage : « Parlez-en en bien, parlez-en en mal, mais parlez-en ! » C'est en ce sens, dirions-nous, que saint Paul s'est exprimé dans son épître aux Philippiens.

> Certains, il est vrai, proclament le Christ par envie et par goût des disputes, mais d'autres le font dans de bonnes intentions. Ceux-ci agissent par amour, sachant que je suis là pour la défense de la bonne nouvelle, tandis que ceux-là annoncent le Christ par ambition personnelle ; leurs intentions ne sont pas pures : ils s'imaginent ajouter de la détresse à ma condition de prisonnier. Qu'importe ! De toute manière, prétexte ou vérité, le Christ est annoncé, et je m'en réjouis (*Philippiens* 1, 15-18).

Nous pouvons appliquer la question soulevée par saint Paul à la nature de l'acte de qui participe à la Fondation du Canadien. Comme dans une religion, nous trouvons des individus qui agissent en leur nom personnel et des entreprises qui le font collectivement. Leurs motivations peuvent être différentes. Ils peuvent donner pour tisser des liens personnels, dans un but économique ou dans une optique religieuse. Comment donc aborder l'optique religieuse, celle qui nous intéresse ?

Bien que nul ne soit parvenu à définir de façon satisfaisante ce qu'est une religion, et que nous n'ayons pas la prétention d'en faire l'essai, il nous apparaît essentiel de proposer une méthodologie pour établir les bases de notre réflexion. Nous utiliserons l'observation phénoménologique que proposent Rodney Stark et Charles Y. Glock[4]. Ceux-ci considèrent que, pour être de nature religieuse, un engagement doit comprendre, à des degrés divers, cinq aspects : une croyance, un rite et une forme de dévotion, une expérience religieuse, la connaissance des informations minimales de sa religion et, finalement, avoir des conséquences sur la vie. Stark et Glock ajoutent que les œuvres caritatives doivent être observées dans la perspective de l'esprit des femmes ou des hommes qui y participent.

Nous examinerons un par un les cinq aspects énumérés ci-dessus, afin de vérifier si, pour les individus qui y participent, la Fondation du Canadien peut correspondre à un engagement de nature religieuse. Il est évident que nous ne nous intéresserons pas aux motivations des entreprises commerciales qui ne sont pas concernées par la religion, qui ne peuvent jouir que d'une reconnaissance institutionnelle ou sociale.

Les croyances

Dans le judaïsme, l'aide aux démunis est une obligation ; chez les chrétiens, il est un moyen d'accéder au royaume de Dieu ; il représente l'un des cinq piliers de l'islam. Dans ces trois traditions religieuses, l'aide aux démunis est donc

---

4. Rodney STARK et Charles Y. GLOCK, *Patterns on religious commitment*, volume 1, 1968, University of California Press, 228 p.

fondamentale. Examinons quelques références scripturaires pour soutenir nos affirmations.

La Torah

Ce que les chrétiens appellent le Pentateuque est constitué de cinq livres, la Genèse, l'Exode, le Lévitique, les Nombres et le Deutéronome, un ensemble qui correspond chez les juifs à la Torah. Rappelons que ces livres font partie du Premier ou Ancien Testament. La première référence biblique concernant l'aide aux démunis se trouve dans le livre du Lévitique.

> Quand vous ferez la moisson dans votre pays, tu ne moissonneras pas ton champ jusqu'au bord et tu ne ramasseras pas ce qui reste à glaner. Tu ne cueilleras pas non plus les grappes restées dans ta vigne, tu ne ramasseras pas les grains qui en seront tombés. Tu abandonneras cela au pauvre et à l'immigré. Je suis le Seigneur (YHWH), votre Dieu (*Lévitique* 19, 9-10).

Nous retrouvons également dans le livre du Deutéronome une référence explicite à l'aide aux démunis (qui est une reprise du référent précédent, mais en utilisant un autre langage) :

> Il y aura toujours des pauvres dans le pays ; c'est pourquoi je te donne cet ordre : Tu devras ouvrir ta main à ton frère, le pauvre ou le déshérité qui est dans ton pays (*Deutéronome* 15, 11).

Suivant la tradition juive, ces deux textes ont été donnés par YHWH (Dieu) à Moïse lorsqu'il a fait sortir d'Égypte le peuple d'Israël. Il s'agit donc de lois émanant de Dieu que les juifs doivent respecter. Des deux textes ressortent trois idées :

- La pauvreté est un fait social au sens de Durkheim. Le fondateur de la sociologie qualifie de fait social « toute manière de faire qui est générale dans l'étendue d'une société donnée tout en ayant une existence propre, indépendante de ses manifestations individuelles[5] ». La pauvreté est une réalité qui sera toujours présente sur terre, en dépit de tous les gestes que nous pourrons poser pour la combattre. Ainsi donc, la pauvreté, bien qu'elle puisse être reliée à un individu, concerne l'ensemble d'une société. Elle mérite une étude globale de nature sociologique.
- Le pauvre ou le déshérité est notre frère. Le Premier Testament crée donc un lien de proximité entre le lecteur et le pauvre : ils sont proches, ils sont du même pays.
- Nous avons l'obligation de donner aux pauvres, c'est un commandement de YHWH. La pratique de l'aide aux démunis est donc un devoir religieux prescrit par la Torah.

La tradition chrétienne

La question de la pauvreté et de l'aide aux démunis fait également partie de la tradition chrétienne depuis les débuts. Elle y est solidement fixée. Dans les évangiles, les références à la pauvreté sont nombreuses. À la suite de la tradition juive, Jésus lui-même affirme qu'il y aura toujours des pauvres. Pour illustrer notre propos sur l'obligation d'aider les démunis et les malades, nous pouvons nous référer à l'Évangile selon saint Matthieu. Sans reprendre la péricope dans sa totalité, nous nous permettons d'en citer un court extrait :

---

5. Émile DURKHEIM, *Les règles de la méthode sociologique*, 12e édition « Quadrige » 2004 (1937[1]), 149 p., p. 14.

Car j'ai eu faim et vous m'avez donné à manger ; j'ai eu soif et vous m'avez donné à boire ; j'étais étranger et vous m'avez recueilli [...] dans la mesure où vous avez fait cela pour l'un de ces plus petits, l'un de mes frères, c'est à moi que vous l'avez fait (Matthieu 25, 35.40).

Ce chapitre de Matthieu est l'un des plus connus de la Bible. Il est, à notre avis, l'un des piliers de la tradition chrétienne quand il s'agit de l'aide aux démunis et aux malades. Le contexte de ce récit est celui du jugement dernier. Il répond à la question des critères qui feront en sorte que l'on aura ou non accès au royaume de Dieu. L'un des critères sera celui de l'aide apportée aux démunis et aux exclus de notre société.

Sur le plan des idées qui se dégagent de la péricope, il est bon de rappeler que, dans cet extrait, le pauvre est encore une fois identifié par un terme familial, celui de frère et même de frère du Seigneur. L'obligation d'aider le pauvre est encore une fois des plus explicites. C'est l'une des conditions d'accès au royaume de Dieu. On peut même affirmer que c'est une obligation aussi lourde que celle contenue dans le Premier Testament. Nous pouvons conclure que la pratique de l'aide aux démunis est directement reliée à la notion de salut dans une approche sotériologique, caractéristique de la religion. Nous pourrions parler d'une approche ecclésiologique (reliée à l'Église), pneumatologique (Esprit Saint) ou christologique (Christ), mais nous sommes d'avis que le don aux démunis est surtout et avant tout d'ordre sotériologique. La pratique du don est fondamentale tant dans le judaïsme que dans le christianisme, les deux religions les plus importantes dans l'histoire du Québec, puisqu'elle est obligatoire, tant dans la Torah que dans les évangiles.

La meilleure preuve de la place du don dans le christianisme, c'est sans doute la vie de saint François d'Assise qui, au XIIIᵉ siècle, devenait un ambassadeur de la lutte contre la pauvreté. On ne peut ignorer qu'il a été canonisé peu de temps après sa mort, ce qui est une marque de reconnaissance de l'importance et de la justesse de son œuvre. Cela confirme que la pratique de l'aide aux démunis est l'un des fondements de la pratique pastorale chrétienne, depuis les origines de l'Église.

Au Québec, ce fondement est ancré à un point tel qu'il existe, dans chaque diocèse, une pastorale sociale en plus de la pastorale liturgique. Et c'est précisément au niveau de la pastorale sociale que se fait tout le travail concernant l'aide aux démunis, aux malades et à tous les exclus de notre société, bref toute cette organisation que je qualifie de « sous-sol d'église ». C'est la pastorale du « faire » dans le monde. L'idée que l'aide aux démunis et aux exclus de notre société servira de critère au moment du jugement dernier est une croyance réelle et constamment présente chez tous les Québécois et Québécoises. Pour la grande majorité des individus, l'aide aux enfants malades constitue un élément essentiel pour accéder au royaume de Dieu.

Dans ce contexte, il devient évident que certains individus sont convaincus que la Fondation du Canadien les fait accéder au royaume de Dieu. Celle-ci constitue, par conséquent, la pierre angulaire pour affirmer la dimension religieuse du Canadien. Grâce à lui, par son intermédiaire à elle, les donateurs peuvent réaliser ce que Dieu leur demande. Ils peuvent aider le pauvre, et ainsi accomplir une action qui pourra leur assurer le salut.

Il est bien entendu que la Fondation du Canadien n'est pas le seul lieu qui permette une telle action salvatrice. Il existe un nombre considérable d'organismes et de lieux qui satisfont les mêmes fins. Pourquoi alors choisir le Canadien ? La motivation pourrait venir du prestige de l'organisation qui apporterait plus de satisfaction et favoriserait un bon positionnement social.

Forme de rite ou de dévotion

La Fondation du Canadien répond au deuxième critère énoncé par Stark et Glock. Elle célèbre des rites, dont certains ont déjà une longue histoire, puisqu'ils existaient bien avant sa création. En voici quelques-uns :

* Depuis 42 ans, le Canadien, par l'entremise de ses joueurs et de son personnel, visite les enfants malades dans différents hôpitaux de Montréal. Cette activité se déroule à Noël, à l'occasion de la célébration de la naissance de Jésus, une des plus importantes fêtes religieuses au Québec comme dans tout le monde chrétien. C'est à cette période de l'année que les gens sont « naturellement » les plus généreux. Le cadeau est la pierre angulaire du temps de fêtes : on apporte des présents à sa famille, à ses proches ; il existe une multitude de formes d'échange de cadeaux dans les entreprises, qui elles-mêmes offrent des cadeaux à leurs employés. Bref, c'est la saison du cadeau, qui devient pratiquement une obligation morale et sociale.
* La Fondation participe également à l'organisation de la collecte annuelle de sang. Cet événement ponctuel, qui en est à sa 26ᵉ année, a été institué par Jean Béliveau, fondateur de la Fondation, et le regretté Claude Mouton. Celui-ci a été la voix du Canadien, comme annonceur maison durant les grandes années de la Sainte Flanelle en 1970 et 1980. Rappelons qu'il est décédé en 1993, dix

jours avant la conquête de la coupe Stanley qui, pour certains, a la valeur du Saint Graal...

• Le traditionnel tournoi de golf du Canadien existe depuis plus de 30 ans. Il est l'occasion de récolter des fonds et de remettre une importante somme d'argent à la Fondation.

• Enfin, nous ne pouvons passer sous silence la participation du Canadien à la Guignolée des médias, et le fait que plusieurs joueurs et employés du Canadien participent à la confection des paniers de Noël.

Ces diverses activités de la fondation du Canadien sont des rites, puisque ces gestes sont les mêmes année après année, qu'ils sont chargés de sens et fixés dans le temps. Rien n'est spontané, tout est réglé, codifié et planifié depuis longtemps. Personne ne pourrait imaginer une période de Noël sans que les joueurs rendent visite aux enfants dans les hôpitaux. Il s'agit là d'une obligation ritualisée qui transcende le sport.

Une expérience religieuse

Comme l'écrivait Godbout, « le don est une réflexion à partir d'une expérience[6] ». En somme, le don est composé de deux éléments. Le premier, c'est un geste : donner un objet tangible, donner de son temps, donner une prière, bref offrir quelque chose. Le second, c'est celui de la raison ou de l'esprit du geste, l'intention derrière la mécanique du geste. Ainsi, le don n'est pas seulement une expérience, il est aussi une réflexion qui débute par une expérience. L'intention derrière le don, la réflexion qui le motive peu-

---

6. Jacques T. GODBOUT, *L'esprit du don*, p. 310.

vent être religieuses. Mais la religion n'est pas la seule intention possible. Le don peut provenir de motivations humanistes, familiales, économiques ou d'autres encore. L'expérience religieuse peut être constituée d'une communication avec Dieu, d'une relation avec le surnaturel, d'une impression d'atteindre un absolu, d'un sentiment de communion avec Dieu. Si le Canadien était une religion, il fonctionnerait comme un outil permettant de réaliser une expérience de foi, de sentir la présence de l'Esprit de Dieu, ici, sur terre, parmi les gens. Il doit certainement exister des expériences de transformation profonde ou passagère en lien avec les activités du Canadien, mais elles demeurent le fait de chaque individu dont il a, lui seul, la clé de lecture et de compréhension. Mais ce qui nous importe n'est pas la description d'expériences religieuses. Elles tomberaient dans le domaine de la subjectivité de la personne qui tenterait de nous expliquer et de nous convaincre de la validité de son expérience. Ce n'est pas non plus la tentative d'énoncer le rapport au divin dans un langage humain. Nous nous demandons simplement si l'action du don peut rendre possible une expérience liée au divin, sans avoir besoin de la décrire avec des mots précis.

Le Canadien, par l'entremise de sa Fondation, peut-il être un outil nous permettant d'atteindre le divin? La réponse est oui, puisque les chrétiens croient que le salut de l'homme peut découler de l'aide aux démunis, que le don peut être un gage de la résurrection lors du Jugement dernier. Il en ressort que la participation aux activités de la Fondation peut bien être vécue comme une expérience religieuse. Mais cela ne veut pas dire que l'expérience religieuse fait nécessairement partie de la mécanique de la participation aux activités de la Fondation. La rencontre avec le divin n'est pas une question mathématique et systématique de l'activité humaine. Elle est, par son essence, impossible à prévoir et elle varie en fonction de certaines inconnues.

Lorsqu'elles correspondent à l'observation de la Loi ou qu'elles s'inscrivent dans une croyance au salut, les activités de la Fondation du Canadien peuvent faire naître une expérience religieuse, provoquer une rencontre avec le divin ou le sacré. Et puisqu'elle réunit un nombre important de personnes dans des activités précises, la Fondation peut favoriser une telle expérience, qui demeure cependant toujours fondamentalement individuelle. Les réunions permettent aux individus présents de discuter et d'échanger entre eux, peut-être de parler de leur expérience et ultimement de Dieu, du Christ et du salut. Cette dimension de rassemblement, d'« ecclésia », donne à la Fondation du Canadien les aspects d'une religion, dont le but est de relier les individus.

Connaissance de la religion

Pour vérifier si la Fondation du Canadien correspond au quatrième critère proposé par Stark et Glock, nous emprunterons le concept de mémoire collective défini par Maurice Halbwachs, l'un des pères de la psychologie sociale[7].

L'observation de la société française avait amené Halbwachs à distinguer la mémoire historique, l'écriture

---

7. Maurice HALBWACHS, *Les Cadres sociaux de la mémoire*, Éditions Albin Michel, S.A., Paris, Bibliothèque de l'Évolution de l'Humanité, avec une postface de Gérard Namer, 1994, 221 p. ; Maurice HALBWACHS, *La mémoire collective*, Éditions Albin Michel, S.A., Paris, Bibliothèque de l'Évolution de l'Humanité, 1997, 297 p.

des événements marquants d'une société, de la mémoire collective, les souvenirs des gens qui ont vécu des événements et qui en discutent en fonction de la manière dont ils s'en souviennent, de la manière dont ils les comprennent. La mémoire collective représente donc le réservoir de souvenirs communs dans lequel un peuple puise pour communiquer. Elle est constituée par un ensemble d'informations factuelles qu'une société utilise dans ses échanges. Il est important d'être présent dans cette mémoire collective, car c'est elle qui fait qu'un peuple existe, c'est elle qui crée une société distincte. Faire partie de ce peuple, appartenir à cette société, c'est pouvoir partager les souvenirs communs, c'est savoir de quoi l'on parle.

Tous les Québécois et Québécoises peuvent participer à une discussion portant sur les œuvres caritatives du Canadien, puisque nous sommes tous habités par une partie de cette histoire. Si, parlant de la Fondation du Canadien, nous nommons ses fondateurs, soit Jean Béliveau, Guy Lafleur et Pierre Boivin, tous les amateurs de la Sainte Flanelle n'auront aucune difficulté à relater la vie de ces valeureux. Tous peuvent témoigner de la générosité légendaire du premier, en plus de reconnaître ses talents incomparables de hockeyeur. Quant au second, tous sans exception vantent ses prouesses sur la glace lorsqu'il faisait littéralement sauter le toit du Forum de Montréal. Et quant à Pierre Boivin, le président du Canadien, personne ne contestera son implication sociale auprès des enfants : il est aussi le président de la fondation de l'Hôpital Sainte-Justine, prend une part active à Centraide et épouse la cause des enfants handicapés du Québec. Tous les partisans et fidèles du Canadien connaissent les activités de la Fondation, plus particulièrement les rites qu'elle célèbre :

la visite des hôpitaux, le tournoi de golf et la collecte de sang. Cette connaissance est inscrite dans la mémoire collective du peuple québécois. Notons qu'elle est aussi, pour une partie, écrite dans sa mémoire historique.

Conséquence sur les individus

Il nous reste à aborder l'une des questions fondamentales de toute religion : la participation aux activités de la Fondation du Canadien a-t-elle des conséquences sur les individus ? Nous poserons la question de la manière suivante : le Canadien de Montréal fait-il de nous de meilleures personnes ?

La participation à la Fondation du Canadien fait de nous des personnes qui respectent un engagement social au sein de notre communauté. L'aide aux démunis et aux enfants malades est évidemment une valeur positive. Le fait de donner de notre argent ou de notre temps à la Fondation nous aide donc à nous qualifier positivement dans la société. Cette qualification sociale ne signifie nullement que notre aide à la Fondation doit être déconsidérée ou soupçonnée de n'être qu'intéressée. Cela signifie seulement que nous avons l'intime conviction personnelle d'être une meilleure personne, sur le plan social à tout le moins, et possiblement sur le plan spirituel, puisque nous accomplissons ainsi un élément essentiel de l'accession au salut pour les chrétiens ou du respect de la Loi pour les juifs, soit celui de l'aide à notre frère.

Pour certains, je l'ai entendu à maintes reprises, la participation à la Fondation représente un moyen de rendre à la société ce que Dieu leur a donné. Comme s'ils remboursaient une dette contractée envers Dieu ou, dans certains cas, vis-à-vis de la société. Peut-on vraiment rembourser Dieu ? C'est là une autre question… Quoi qu'il en soit, la Fondation du Canadien a des conséquences sur les individus. Elle nous permet de devenir de meilleurs citoyens. La fidélité au Canadien nous rend plus fidèles à notre vocation religieuse.

Le Canadien est-il une religion ?

C'est la question fondamentale à laquelle le présent article a tenté de donner une piste de réflexion. Il nous semble raisonnable de croire qu'en participant à la Fondation du Canadien, le partisan du Canadien participe à un phénomène religieux, qu'il entre en relation avec une entité divine. L'activité correspond en tout cas aux cinq aspects de l'engagement religieux, selon la définition de Stark et Glock.

En empruntant au droit les concepts d'*actus reus* et de *mens rea*, nous dirons que, quand il fait un don à la Fondation, le fidèle ne prend pas seulement un engagement de nature physique, pouvant être décrit comme un *actus reus* (un acte observable de manière mécanique), mais qu'il agit aussi selon une composante de *mens rea* (c'est-à-dire avec l'intention de poser un geste signifiant pour lui). C'est évidemment dans la perspective du *mens rea*, de l'intention, que nous pouvons affirmer que la Fondation fait du Canadien un phénomène religieux. Morphologiquement, la Fondation du Canadien est un lieu où nous pouvons observer l'expression d'un croire religieux, sous des formes collectives attestées, celle de la quête du salut pour le christianisme, celle de l'observation de la Loi pour le judaïsme, celle de l'accomplissement de l'un des cinq piliers pour l'islam ou celle de notre action sur la souffrance de l'autre, dans une perspective bouddhiste. La Fondation est un lieu où l'Esprit circule…

Nous ne pourrons jamais avoir de preuve scientifique et matérielle de l'existence de Dieu ou d'un Paradis. Nous sommes d'avis que cette preuve existe, mais qu'elle fait partie de l'univers de la foi. Si nous croyons que l'Esprit de Dieu est présent au milieu des gens qui œuvrent pour la Fondation du Canadien, nous devrons accepter le fait que cette présence restera une expérience religieuse individuelle propre à chacun. Nous devons reconnaître que les mots seront toujours insuffisants pour l'exprimer.

6

Les femmes, le hockey et la religion

DENISE COUTURE

Faculté de théologie et de sciences des religions,
Université de Montréal

L a fièvre du hockey a dominé Montréal pendant trois semaines en avril et en mai 2008, quand le Canadien a joué jusqu'en deuxième ronde des séries éliminatoires. Ce fut la folie partisane. Environ la moitié de la population a suivi les joutes du tricolore. Le plaisir lié au désir de la victoire fut intense. On a remarqué aussi que les partisans et les commentateurs de sport ont fait le deuil de l'élimination de l'équipe assez rapidement. Ils ont jugé que le Canadien avait une très bonne équipe de jeunes talents, mais qu'il fallait augmenter sa qualité offensive pour vaincre les meilleures équipes de la Ligue nationale. Ils ont espéré cette amélioration par l'ajout de nouveaux joueurs pour la saison 2008-2009. Entre-temps, les Red Wings de Détroit ont remporté la Coupe Stanley en 2008, au terme d'une série enlevante contre les *Penguins* de Pittsburgh et Sidney Crosby. Je m'en suis réjouie, car leur victoire en six parties m'a classée au deuxième rang du *pool* des séries éliminatoires auquel j'ai participé.

Même si le hockey professionnel est incontestablement un monde d'hommes, de nombreuses femmes, et des féministes, figurent au nombre des partisanes de ce sport, et j'en suis. Les matchs télévisés du Canadien seraient l'émission la plus regardée par les femmes de 18 à 34 ans[1]. Selon le Réseau des sports (RDS), depuis 2005, « 40 % de l'auditoire est féminin[2] ». Ces statistiques témoignent de l'intérêt des femmes pour ce sport. Cela n'empêche que, au Québec et ailleurs, le hockey demeure culturellement une affaire d'hommes, une occasion qui leur est donnée de se retrouver entre eux pour jouer dans des ligues d'amateurs ou pour écouter les parties à la télévision.

On m'a demandé de rédiger un « commentaire d'après match » sur les articles rassemblés dans cet ouvrage collectif sur *La religion du Canadien*. Ce « commentaire d'après match » prend une signification spéciale, celle de faire place à une autre parole, à une parole féminine et féministe. Plusieurs auteurs de ce volume dépeignent « la religion du Canadien » par la référence patriarcale de la transmission du père au fils. Où sont les femmes, les mères et les filles ? Dans ma famille, la mère a transmis sa passion du hockey à sa fille et à son fils cadet, alors que le père et le fils aîné n'y trouvaient pas d'intérêt. Répondra-t-on que l'exception confirme la règle ? Les personnages mis en scène dans les textes de ce livre sont masculins. Les références bibliographiques le sont également. Cela va-t-il de soi parce qu'on traite de hockey et de religion ?

Il n'y a pas que le monde du hockey et celui des commentaires d'avant et d'après matchs qui sont masculins (même si les femmes peuvent y trouver une place), mais aussi celui des analyses des relations entre le sport et la religion. Peu d'auteures universitaires ont abordé cette

---

1. Alain DUBUC, « Comment le Canadien gagne », *Les Affaires*, le 29 mars 2008, p. 25.
2. *Ibid.*, p. 26.

problématique. Celles qui l'ont fait semblent avoir, à contre-courant de la position majoritaire, émis l'opinion que le sport n'est pas une religion. Pourquoi?

Avant de revenir à cette question, je veux continuer de me livrer au jeu des commentaires d'après match. Ceux-ci font partie intégrante de la vie de l'amateur de hockey. Ils se présentent sous la forme d'émissions radiophoniques ou télévisées, d'articles de journaux ou de revues, et ils appartiennent typiquement à l'univers masculin. Voilà un bon point de départ pour analyser la masculinité du hockey du Canadien et la place que peuvent y prendre des femmes.

Les commentaires d'après match

À Montréal, une meute de journalistes couvre le hockey. Les vrais amateurs prolongent leur plaisir par l'écoute et par la lecture des commentaires d'avant et d'après matchs. Ils sont bien servis par l'éventail de choix et par la longueur des émissions sportives. Les commentaires portent sur les Glorieux, mais aussi plus largement sur le hockey de la Ligue nationale et des autres ligues, sur les stratégies de jeu, les rendements des joueurs, les statistiques, les succès des grandes vedettes, les échanges et les acquisitions de joueurs, les décisions des entraîneurs, des directions de l'équipe et des responsables de la Ligue, la répartition des budgets, le marketing et le développement du sport en général.

Tout cela se passe dans un univers presque exclusivement masculin. Les partisanes du Canadien répondent à l'appel des rendez-vous télévisés ou au Centre Bell, mais peu d'entre elles consacrent plusieurs heures par jour ou par semaine aux analyses sportives. Celles-ci demeurent une affaire de *gars*. Elles créent un réseau (une communauté?) de connaisseurs spécialisés. Les hommes se parlent entre eux sur les tribunes téléphoniques (certes, les interventions des femmes y sont tout à fait bienvenues). L'ancien arbitre de la Ligue nationale et animateur de radio coloré Ronald Fournier a le don de susciter des émotions fortes par ses prises de position tranchées et par sa manière caractéristique de répéter une phrase juteuse trois fois en appuyant fortement sur chaque mot. Les commentaires d'avant et d'après matchs expriment des émotions masculines : une construction culturelle de la masculinité. Parmi ces émotions, on peut noter le plaisir de la fine connaissance de son sport, l'enthousiasme de planifier de nouvelles stratégies, le désir intense de la victoire, la satisfaction ou la déception selon les résultats obtenus, l'approbation et le blâme de divers acteurs. Les discussions se déroulent sous la forme d'une polémique continue qui vise à séparer ceux qui ont raison de ceux qui ont tort. La compétition sportive se poursuit ainsi entre les belligérants commentateurs et auditeurs.

Ma connaissance de ce monde des «commentaires d'après matchs» provient du fait que je partage mon toit avec l'authentique amateur de sport qu'est mon fils. Un débat a cours entre nous au sujet de la teneur des analyses sportives sur le Canadien et sur le hockey. Je critique la trop grande importance qu'on accorde à la motivation et à la volonté des joueurs. Il me semble, dans les commentaires d'après matchs, que l'on présuppose que si un joueur le veut, il le peut ; que s'il a échoué, c'est qu'il n'a pas vraiment désiré remporter la victoire, qu'il n'a pas bien travaillé. En adoptant ce point de mire, l'amateur ne transpose-t-il pas son désir de spectateur sur le joueur ? On fait l'éloge des vedettes dans la victoire et on cherche des coupables dans la défaite (et même dans la victoire). On sépare les bons des méchants. Je plaide qu'on oublie que le hockey est un jeu, que le hasard y intervient et que des «bons» peuvent perdre dans le jeu, comme dans la vie d'ailleurs. Mon fils entérine ma critique de la pensée magique, «Si le joueur le veut, il le peut». Mais il soutient que, sur une longue période, dans le hockey, on doit considérer l'incidence du hasard comme négligeable par rapport au rendement des joueurs et des équipes. De plus, il défend l'intérêt qu'accordent les commentateurs à la motivation des joueurs, car il s'agirait d'un élément crucial dans le jeu du hockey, un facteur essentiel à la progression individuelle et à la création d'une cohésion d'équipe. Certains amateurs répètent sur les tribunes téléphoniques qu'aux salaires astronomiques que reçoivent les joueurs, il ne leur est jamais permis de se traîner les pieds. La discussion sur la teneur des commentaires sportifs sur le hockey est continue entre nous, fils et mère. Elle est un lieu d'expression de la passion du sport.

L'intensité des émotions des vrais amateurs de hockey est formidable: leur joie, leur peine, leur espoir, leur déception, leur fidélité. Au cours de toutes ces heures d'écoute ou de lecture des commentaires sportifs, ils prennent plaisir à continuer d'habiter leurs émotions partisanes. Dans le contexte de la France et du rugby, Michel Serres fait un lien entre les émotions violentes ressenties par les partisans et une fusion qui s'instaure entre eux et les joueurs, et il relie, de plus, le tout à la religion. Son analyse pointe en direction de certains aspects de la posture des authentiques partisans du Canadien et de l'atmosphère qui a régné au Centre Bell pendant les séries éliminatoires de 2008:

Connaissez-vous des réunions publiques où la ferveur, où la croyance, où la participation sont telles qu'il soit possible d'en mourir ? Bordeaux, 1965, demi-finale Agen-Dax, trois morts par arrêt du cœur. L'émotion. Combien de morts par émotions aux assemblées politiques, religieuses, culturelles, aujourd'hui ? Les Grecs suffoquaient à la tragédie, les mères y accouchaient d'émoi. Contrairement à ce que vous croyez, il n'y a pas de public au rugby [...] Il n'y a aucune distance entre le groupe et son équipe, comme il en existe une entre les acteurs d'une troupe et le parterre, par exemple.

[...] je [un joueur] suis soudain rempli des autres, je perds mon principe d'individuation, je ne suis plus que mon équipe, un étrange bonheur m'envahit, comme une extase. En même temps, une foule [...] crie, elle dit, elle se lève ensemble pour chanter un seul mot, son extase. Un court-circuit foudroyant va des corps au collectif [...] Écoutez donc la marée humaine hurler. Voici l'écho ou la reprise du plus enfoui des archaïsmes. Cette cérémonie est religieuse, j'entends par religion des choses oubliées depuis toujours, des choses barbares, sauvages, qui n'ont peut-être jamais eu de mots dans aucune langue, et qui nous viennent de nos commencements, sans texte[3].

Les femmes et le hockey

Les femmes partisanes participent à cet événement collectif qui recèle une part de mystère. Elles ressentent cette émotion. Que le hockey soit un monde d'hommes et qu'il reflète et reproduise les valeurs masculines dominantes n'y change rien. Les auditrices vivent les plaisirs des amateurs du sport. Elles ont pleinement leur place comme

---

3. Michel SERRES, « Le chœur antique sur le terrain », dans *Le goût du rugby. Textes choisis et présentés par Stéphane Beaumont*, Mercure de France, 2007, p. 116-118.

amatrices de hockey dans cet univers qui leur demeure en partie étranger.

Pour préciser la position des femmes par rapport au hockey et plus généralement par rapport aux sports professionnels masculins, je partirai d'une remarque sur l'évolution du féminisme de la seconde vague (celui né après la Seconde Guerre mondiale et rendu plus particulièrement visible dans les années 1960). Prenant le risque de la généralisation, je dirais que ce féminisme a tenté, dans les années 1960 et 1970, de trouver les causes de la subordination générale du groupe des femmes au groupe des hommes. On en a cherché l'explication soit dans l'histoire reculée ou plus récente de l'humanité, soit dans l'organisation moderne des structures sociales. On a découvert de multiples pistes de réponses; on a identifié que ces causes étaient différenciées et enchevêtrées à divers phénomènes qui bougent. Mais on n'a pas trouvé la Grande Raison du sexisme qui continue de nous déterminer diversement. Dans les années 1980 et 1990, le féminisme de la seconde vague a abandonné la quête de la Grande Raison pour se concentrer sur la recherche des solutions. On a découvert de multiples pistes de réponses; on a identifié que les solutions étaient elles aussi différenciées et mêlées à divers autres enjeux qui changent. Mais on n'a pas trouvé la Grande Solution au sexisme. Celui-ci a un caractère systémique et structurel. Le féminisme de la seconde vague a conduit à un consensus large sur le fait que nous vivrions dans un entre-temps de préparation de rapports plus justes entre les humains, et entre les humains et la Terre[4].

---

4. Rosi BRAIDOTTI, *Nomadic Subjects. Embodiment and sexual difference in contemporary feminist theory*, New York, Columbia University Press, 1994; Gayatri Chakravorty SPIVAK, *Death of a Discipline*, New York, Columbia University Press, 2003.

Dans cet entre-temps, l'une des stratégies de changement consiste à valoriser une diversité de manières de faire et de vivre afin de briser la norme unique d'un modèle féminin et de lézarder le système patriarcal (phallocentrique) sur plusieurs fronts en même temps. Ces diverses positions sont la critique, le rejet, l'inclusion, l'intégration voire la réinvention créative, cette dernière étant ma préférée et toutes la responsabilité tant des femmes que des hommes, puisque nous appartenons ensemble à ce système de relations à changer. Ainsi, on valorisera la coexistence de plusieurs modèles en ce qui concerne les rapports entre les femmes et le hockey. Des femmes le rejettent et le critiquent pour la raison qu'il s'agit d'un monde d'hommes et de valeurs masculines dominantes ; d'autres sont partisanes du hockey et certaines avec une grande force d'intensité ; certaines pratiquent le sport, Manon Rhéaume, Kim St-Pierre, Hayley Wickenheiser et France Saint-Louis parmi les figures dominantes ; d'autres interviennent comme commentatrices ou analystes, Chantal Macchabée, Marie-José Turcotte, Claudine Douville et Danielle Sauvageau parmi les plus connues.

Des femmes participent ou non au monde du hockey de la même manière qu'elles s'engagent ou non dans les sphères financière, entrepreneuriale, politique, scientifique et religieuse, qui demeurent dominées par les hommes et par les valeurs dominantes masculines. Au Québec, le rapport au hockey fait probablement partie de l'identité des filles et des femmes, dans la participation ou dans le rejet, par un lien direct ou indirect, par leur père, leur mère ou leurs amis et amies[5].

---

5. Voir Anouk Bélanger, *Le hockey au Québec : un milieu homosocial au cœur du projet de subjectivation nationale*, Mémoire présenté à la Faculté des études supérieures en vue de l'obtention du grade de

Il faut souligner que l'identification au Canadien résulte pour une large part du succès du marketing de la marque du CH qui fluctue dans le temps. La popularité du Canadien était à son plus bas en 2000. Grâce à une campagne de vente bien réussie, elle a atteint des sommets depuis 2003, indépendamment des succès sportifs de l'équipe[6]. D'ailleurs, la hausse des ventes sportives est un phénomène nord-américain : « En 2008, les revenus provenant des produits dérivés du sport en Amérique du Nord, toutes équipes et toutes disciplines confondues, sont estimés à 19 milliards de dollars américains, contre 3 milliards en 2001[7]. » L'augmentation du nombre de partisanes du Canadien s'inscrit également dans ce mouvement général de réussite sur le plan du marketing.

Le hockey féminin

L'inclusion des femmes dans le monde du hockey passe entre autres par le développement du hockey féminin au Québec et au Canada : qu'on le valorise, qu'on le rende visible sur le plan médiatique. Je crois que, pour y arriver, on a besoin d'un effort de formation culturelle. Il s'agirait d'apprendre, par exemple, à ressentir émotivement la beauté de matchs de hockey féminin que nous offrent les Jeux olympiques d'hiver. Les règlements diffèrent légèrement de ceux du hockey masculin, dont l'interdiction du plaquage pour les femmes. Les matchs de l'équipe canadienne de hockey féminin nous ont comblés par la perfection et la rapidité des passes, la créativité des jeux, la

---

Maître ès arts (M.Sc.) en sociologie, Université de Montréal, 1996, p. 26.

6. Alain Dubuc, « Comment le Canadien gagne », p. 24.

7. *Ibid.*, p. 26.

stratégie défensive à cinq joueuses, la synergie de l'ensemble des joueuses de l'équipe, l'habileté des tirs des marqueuses. Quel beau hockey! Différent de celui masculin, ce dernier étant à la fois plus hermétique et plus rapide, scandé d'accrochages et de plaquages, et parfois de batailles, de lancements de rondelles dans le fond de la zone offensive et de courses effrénées vers l'avant pour capter la rondelle le premier. Les deux styles de jeu diffèrent. On a droit aux matchs de hockey féminin presque exclusivement dans le cadre des Jeux olympiques d'hiver. Lawrence Scanlan a noté l'intérêt des Canadiens pour le hockey olympique et indiqué qu'on estime que « [...] onze millions de Canadiens [ou approximativement 35, 5 % de la population] – une statistique du poste de télévision CBC – a regardé le match de hockey disputé pour la médaille d'or à Salt Lake City en février 2002[8] ». L'auteur ne précise pas s'il réfère au hockey féminin ou masculin. On comprend qu'il s'agit, par défaut, du hockey dominant (masculin). Certes, le match des hommes fut extraordinaire et remporté par le Canada contre les États-Unis. Pourtant, un des matchs les plus importants du hockey féminin international fut disputé à Salt Lake City et suivi également avec intérêt par la population. Il est passé aisément sous silence. Brian McFarlane décrit l'importance de ce match : « À Nagano, au Japon, en 1998, Team USA a vaincu le Canada et a gagné la première médaille d'or olympique [de hockey féminin]. Quatre ans plus tard, à Salt Lake City, après avoir établi une fiche impressionnante de 31-0-0 dans les épreuves préolympiques, le Canada a vaincu les

---

8. Lawrence SCANLAN, *Grace Under Fire*, Toronto, Penguin Canada, 2002, p. 7 ; cité par Tracy J. TROTHEN, « Hockey : A divine sport ? – Canada's national sport in relation to embodiment, community and hope », *Studies in religion/Sciences Religieuses* 35, 2, 2006, p. 294.

championnes en titre par le compte de 3 à 2. Équipe Canada a alors résisté à onze jeux de puissance, dont huit de suite, enregistrant sa victoire la plus mémorable[9]. » L'émotion la plus forte que j'aie ressentie comme partisane de hockey advint lors de la conquête de cette médaille d'or. Je me souviens de ne pas avoir pu retenir mes larmes devant la sublime performance défensive de l'équipe, l'éblouissante précision et l'efficacité des jeux de passes.

Le problème du hockey féminin international réside dans le manque de compétition entre les nations : « Des championnats mondiaux officiels pour les femmes se sont déroulés à Ottawa en 1990, en Finlande en 1992, à Lake Placid en 1994 et à Kitchener, en Ontario, en 1997. Les équipes canadiennes ont établi une fiche parfaite de 20 victoires et aucune défaite dans les rencontres internationales[10]. »

Peut-on imaginer qu'en l'honneur de ses nombreuses partisanes, le CH contribue à la promotion du hockey féminin et consolide ses liens avec les vedettes de l'équipe olympique de hockey féminin d'hier et d'aujourd'hui ? À l'occasion de son centième anniversaire, le Canadien pourrait référer à quelques faits marquants de l'histoire du hockey féminin, tels la contribution de pionnière de la fille de Lord Stanley, Lady Isobel Stanley, et le fait qu'elle fut l'une « des premières femmes à se faire photographier avec une rondelle et un bâton (vers 1890)[11] ».

---

9. Brian MCFARLANE, « Le hockey féminin : un passé remarquable, un avenir brillant », dans *Regard sur le hockey*, Bibliothèque et Archives du Canada, 2003. Sur Internet : http://www.collectionscanada.gc.ca/hockey/024002-2201-f.html (page consultée le 16 juillet 2008).

10. *Idem.*

11. *Idem.*

Les théories de la religion et des rapports entre le sport et la religion

La réponse à la question de savoir si le sport, et plus précisément le hockey, est une religion dépend de la définition donnée à la religion. D'un point de vue féministe, la relation entre les femmes et les religions est jugée trouble, tout comme celle entre les études féministes et les études de la religion. Pour Rita Gross, une approche féministe des études de la religion a la tâche de critiquer l'exclusion des femmes dans les religions, mais aussi dans les discours universitaires sur les religions. La même orientation se trouve chez des auteures qui abordent la relation entre le sport et la religion. Elles proposent une critique de l'exclusion des femmes dans les sports et dans les religions, mais aussi une critique de l'androcentrisme qui marque les discours qui analysent les rapports entre eux.

Rita Gross propose cette définition de la religion :

> Quoique les professionnels des études de la religion ne s'entendent pas sur une définition unique de la religion, il est clair qu'une définition non ethnocentrique de la religion ne devrait pas se centrer sur le *contenu* des systèmes de croyances. [...] Mais les divers symboles et croyances des religions du monde partagent une *fonction* similaire dans la vie humaine. Les croyances et les comportements religieux répondent typiquement aux questions des gens sur des sujets d'importance considérable et centrale pour eux. Ainsi, plusieurs définitions largement utilisées dans les études universitaires de la religion parlent de la religion comme de la « préoccupation ultime » ou de ce qu'on considère comme sacré[12].

---

12. Rita GROSS, *Feminism and Religion. An Introduction*, Boston, Beacon Press, 2005, p. 9. Souligné dans le texte.

L'une des rares auteures qui a analysé les relations entre le sport et la religion, Joan M. Chandler, adopte une telle compréhension de la religion[13]. Elle soutient que le sport n'est pas une religion. Elle reconnaît que l'on peut établir des parallèles entre les deux et repérer des similitudes entre les rituels sportifs et religieux. Mais elle insiste plutôt sur leurs divergences. À la différence de la religion, le sport ne fournit pas une explication de la vie, de la naissance et de la mort. Il ne peut gérer la question humaine de la souffrance : le joueur blessé est retiré du jeu. À la différence du sport, le rituel religieux convoque la personne participante à une transformation personnelle. Le sport n'occupe pas la fonction de la religion de remettre en question l'humain sur le sens de la vie et de la mort. Il « ne peut pas offrir, ni ne peut même prétendre offrir, des réponses à certaines des questions les plus tenaces de la vie : qui sommes-nous ? Où allons-nous ? Pourquoi sommes-nous ici[14] ? »

Comme Joan M. Chandler, Tracy J. Trothen affirme que le sport n'est pas une religion, mais avec nuance et originalité, et selon une approche explicitement féministe. Elle étudie les rapports entre le sport, le hockey et la religion, au Canada, et soutient que « [...] même si la question de savoir si le sport est une religion est intéressante, elle ne doit pas être la seule préoccupation[15] ». On doit l'accompagner d'une critique de la manière dont le sport et la religion contribuent à reproduire les rapports dominants. Le sport peut fonctionner comme une religion populaire.

---

13. Joan M. CHANDLER, « Sport is not a religion », dans S. J. HOFFMAN (dir.), *Sport and Religion*, Champaign, Human Kinetics Books, 1992, p. 56.

14. *Ibid.*, p 59 ; cité par Tracy J. TROTHEN, « Hockey : A divine sport ? », p. 303.

15. Tracy J. TROTHEN, *op. cit.*, p. 294.

« Le sport – tout comme la religion dominante – est aussi un producteur et un miroir puissants des iniquités sociales systémiques[16]. » L'auteure analyse également la manière dont le sport et la religion favorisent des pratiques contre-culturelles par rapport aux relations de subordination.

Ainsi, à la question des rapports entre le sport et la religion, l'auteure supplémente celle-ci : quels types de rapports humains produisent et reflètent le sport, la religion et les discours qui les relient ? Elle déplace la problématique : « [L]a question pertinente n'est pas tellement de savoir si le hockey est une forme de religion ou non, mais ce que le hockey nous enseigne sur ce que cela signifie d'être humain et de vivre les spécificités de la culture dominante canadienne[17]. »

Pour la beauté du jeu

Que produirait la manifestation de plus de féminin et de féminisme dans le monde du hockey ? Cela pourrait faire en sorte de rendre visibles les diverses actrices qui gravitent déjà autour de ce sport, de favoriser le développement du hockey féminin, de motiver à une critique des pratiques de domination promues par le sport. Tracy J. Trothen nous apprend également que cela risque de modifier la manière d'aborder le sport. Elle suggère d'envisager le hockey comme un jeu, comme un processus qui a une valeur pour lui-même avant ses résultats, par opposition au hockey instrumentalisé. Nous abordons le hockey déjà souvent de cette manière. Il s'agirait de nous former à valoriser cette dimension du sport. L'auteure précise qu'on associe cette manière de faire au féminin, et je dois

---

16. *Ibid.*, p. 295.
17. *Ibid.*, p. 294.

confesser que je m'y reconnais spontanément. Cette position théorique peut correspondre à une posture personnelle, à un émerveillement devant la beauté du jeu pour
lui-même (je pense à celui de l'équipe olympique féminine), à un désir que les commentaires sportifs tournent
l'attention vers la magie du jeu du hockey pour lui-même
(plutôt que vers des belligérants). Pour l'intense émotion
d'émerveillement partagé. Pour la beauté du jeu. Qui
recevra cette passe?

Références

BÉLANGER, Anouk, *Le hockey au Québec : un milieu homosocial
au cœur du projet de subjectivation nationale*, Mémoire
présenté à la Faculté des études supérieures en vue de l'obtention du grade de Maître ès arts (M.Sc.) en sociologie,
Université de Montréal, 1996.

BRAIDOTTI, Rosi, *Nomadic Subjects. Embodiment and sexual
difference in contemporary feminist theory*, New York,
Columbia University Press, 1994.

CHANDLER, Joan M., « Sport is not a religion », dans S. J. HOFFMAN
(dir.), *Sport and Religion*, Champaign, Human Kinetics Books,
1992, p. 55-62.

DUBUC, Alain, « Comment le Canadien gagne », *Les Affaires*, le
29 mars 2008, p. 24-26.

MCFARLANE, Brian, « Le hockey féminin : un passé remarquable, un avenir brillant », dans *Regard sur le hockey*,
Bibliothèque et Archives du Canada, 2003. Sur Internet :
http://www.collectionscanada.gc.ca/hockey/024002-2201-f.
html (page consultée le 16 juillet 2008).

GROSS, Rita, *Feminism and Religion. An Introduction*, Boston,
Beacon Press, 2005.

SCANLAN, Lawrence, *Grace Under Fire*, Toronto, Penguin Canada, 2002.

SERRES, Michel, « Le chœur antique sur le terrain », dans *Le goût du rugby. Textes choisis et présentés par Stéphane Beaumont*, Mercure de France, 2007, p. 116-119 (extrait d'un texte paru dans *Le Monde*, le 4 mars 1979, sous le titre « Le culte du ballon ovale »).

SPIVAK, Gayatri Chakravorty, *Death of a Discipline*, New York, Columbia University Press, 2003.

TROTHEN, Tracy J., « Hockey : A divine sport ? – Canada's national sport in relation to embodiment, community and hope », *Studies in religion/Sciences Religieuses* 35, 2, 2006, p. 291-305.

7

« Le Canadien fait partie de la culture québécoise... dont la religion fait partie »

RÉJEAN HOULE[1]

Réjean Houle, pour vous, le Canadien est-il une religion ?
Je dirais plutôt qu'il fait partie de la culture québécoise, dont la religion fait partie.

Et cette religion fait-elle aussi partie de votre culture ?
Évidemment. Quand j'étais petit, ma mère me faisait rentrer, pour que je récite le chapelet. Je devais m'agenouiller, joindre les mains et baisser la tête. Comme ça [il mime la scène]. Ensuite, je pouvais regarder le Canadien à la télévision. Mon père, lui, trouvait qu'il y avait trop de sacres chez les joueurs de hockey. Et en tant que joueur, j'ai toujours eu des rituels religieux. Après les hymnes nationaux, je me penchais, je touchais la glace et je faisais un signe de croix. Et si le dimanche, on était sur la route, qu'on revenait de Boston ou de New York, on s'arrêtait sur le chemin pour assister à la messe. Je sais que d'autres sports réservaient des salles pour la prière. Mais dans le hockey, il n'y avait pas de directives. Chacun pouvait pratiquer sa religion.

---

1. Réjean Houle a été joueur et directeur général du Canadien de Montréal. Il a remporté cinq coupes Stanley entre 1971 et 1979.

Catholiques, *Christian Brothers*, protestants ; je ne me souviens pas de juif pratiquant. Mais il fallait se débrouiller.

Et qu'est-ce que vous attendiez de Dieu ? Qu'il vous permette de gagner ?
Non. Je lui demandais de me protéger des blessures. La victoire, c'est à nous de la remporter. Il ne faut pas trop en demander.

Est-ce qu'on ne retrouve pas, dans le hockey, des valeurs proches du christianisme : sacrifice, solidarité...
C'est vrai qu'il y a des valeurs importantes dans le hockey : l'entraide mutuelle, compter sur les autres ; la fierté de porter le chandail et de poursuivre la tradition ; les sacrifices nécessaires pour devenir un sportif professionnel.

Mais n'y a-t-il pas dans le hockey des gestes incompatibles avec le christianisme ?
Je ne pense pas. Même les coups de poing sur la gueule n'étaient pas considérés comme un péché !

Propos recueillis par Olivier Bauer

8

«Père céleste, Divin Gardien»

PÈRE EDWARD[1]

Père céleste, Divin Gardien, nous venons à toi ce soir pour te demander de nous bénir… Grâce à toi, nous sommes tous des étoiles [*All-Stars*]. Nous prions pour que tu nous guides. Empêche-nous de commettre des gestes qui nous conduiront sur le banc des pénalités de l'enfer. Inspire-nous pour que nous évitions les pièges de notre métier. Aide-nous à rester entre la ligne bleue de tes commandements et la ligne rouge de ta grâce. Protège-nous des blessures infligées par la rondelle de l'orgueil. Puissions-nous être délivrés un jour du bâton élevé de la malhonnêteté. Laisse les anges jouer sur les ailes, à la droite et à la gauche de nos coéquipiers. Puisses-tu toujours être le Divin Centre de notre équipe. Et quand nous serons appelés à une retraite éternelle dans les cieux des tribunes, puissions-nous te trouver prêt à nous donner la gratification éternelle d'un siège permanent dans ton Colisée. Finalement, accorde-nous le courage de patiner sans faire

---

1. Prière prononcée par le père Edward avant le match des étoiles de la World Hockey Association en 1976, citée par C. S. PREBISH, «"Heavenly Father, Divine Goalie": Sport and Religion», dans S. J. HOFFMAN (éd.), *Sport and Religion*, Champaign, Human Kinetics Books, 1992, p. 47.

trébucher, d'avancer sans que notre dégagement ne soit refusé et de marquer le but qui compte vraiment, celui qui fait de chacun de nous un gagnant, un champion, une première étoile dans le Match chaotique du Hockey de la Vie. Amen.

Traduit de l'anglais par Marion BAUER

9

« Voici la preuve que les *Habs* sont une religion au Québec »

CHRISTOPHER BORELLI[1]

J'ai 22 ans et j'étudie la finance à l'université Concordia. Je suis un fan des Canadiens depuis le jour où j'ai fait mes premiers pas. J'ai eu le plaisir de les voir gagner la Coupe Stanley en 1993 et je les ai toujours soutenus pendant les périodes difficiles, de la fin des années 1990 au début des années 2000. J'aimerais préciser comment la fièvre des Canadiens a pris le contrôle de la ville et comment les partisans sont vraiment des *fidèles*. J'étais à l'Oratoire Saint-Joseph le matin du septième match de la série contre les Bruins. Soudain, pendant que je priais silencieusement à l'extérieur, j'ai entendu comme une voix qui venait des cieux : « *Go Habs Go! Go Habs Go!* » J'ai remarqué la mer de bleu, blanc, rouge tout autour de moi. Les fans des Canadiens étaient à l'Oratoire revêtus de leurs chandails des Canadiens. Il y avait plein de fidèles des Canadiens. Certains d'entre eux grimpaient les escaliers de l'Oratoire à genoux, d'autres étaient là pour profiter du temps magnifique et pour scander leurs slogans. Mais

---

1. Lettre de lecteur parue dans *The Gazette*, le dimanche 27 avril 2008, p. 24.

certains venaient prier pour leurs Canadiens de Montréal, pour allumer des lampions pour leurs héros. C'était une rencontre entre les deux fois fondatrices de cette province : le catholicisme et les Canadiens de Montréal. *Go Habs, Go*!

Traduit de l'anglais par Marion BAUER

10

« Les *Habs* ruinent les plans pour *Pessah* »

MIKE BOONE[1]

L e Canadien n'a-t-il jamais regardé *Les Dix Comman-dements* ? Le film a été tourné en 1956, et ça se voit ! Yul Brynner mâchouille le scénario. La séparation de la mer Rouge cloue l'armée du Pharaon. Mais les effets spéciaux sont un peu mièvres. Et, d'après les standards modernes, Yvonne de Carlo n'est pas plus sexy que ça. Le film *Les Dix Commandements* peut sembler dater, mais les traditions de mon peuple, elles, n'ont rien de démodé.

Le club de hockey existe depuis 99 ans, les Canadiens sont donc quelques milliers d'années plus jeunes que les Enfants d'Israël. Et parce que les héros de notre ville natale n'ont pas réussi à battre Boston jeudi soir, les Enfants d'Israël devront choisir entre Pâque et le sixième match des séries. Pâque rappelle l'Exode d'Égypte. Si vous avez vu le film, c'est le moment où Charlton Heston délivre les Israélites de l'esclavage et les guide dans le désert, où ils

---

1. M. BOONE, « Habs screw up Passover plans », *The Gazette*, 19 avril 2008. Page consultée le 24 avril 2008, sur http://www.canada.com/ montrealgazette/news/sports/story.html?id=17d7ca68-2991-4fa2-a617-4b9d52df1052.

errent pendant presque aussi longtemps que Toronto attend de remporter une autre Coupe Stanley.

Pâque commence le quinzième jour du premier mois de l'ancien calendrier hébreu. Autrefois, quand les Canadiens avaient l'habitude de gagner la Coupe ou d'avancer profondément en séries éliminatoires, le repas festif de Pâque coïncidait souvent avec un match de séries éliminatoires. Cependant, avec une partie qui débutait à 20 heures et avec un président du Seder qui savait lire les prières rituelles suffisamment rapidement, vous pouviez voir la majorité de la deuxième et la totalité de la troisième période. Mais quand le match commencera à 19 heures, ce soir, les célébrations de Pâque ne feront que commencer.

Rien de tout cela ne serait un problème si les Canadiens avaient éliminé les Bruins en cinq matchs. Mais ils ne l'ont pas fait. Et maintenant, nous devrons tous en subir les conséquences. Quelqu'un devrait leur rappeler ce qui est arrivé à Yul Brynner.

Traduit de l'anglais par Marion BAUER

Présentation des auteurs

Olivier Bauer

En même temps qu'il suivait ses études de théologie en Suisse, Olivier Bauer était gardien de but – soccer et hockey sur glace – et remportait plusieurs médailles en sport universitaire. Se jugeant meilleur théologien que sportif, il choisissait cependant la théologie, obtenait son doctorat et travaillait dans quatre Églises protestantes en France, en Suisse, à Tahiti et à Washington, DC. Il est maintenant professeur à la Faculté de théologie et de sciences des religions de l'Université de Montréal. [olivier.bauer@umontreal.ca]

Jean-Marc Barreau

Jean-Marc Barreau est l'un de ces damnés français qui aiment passionnément le Québec et ses gens... Au point d'avoir consacré les 10 premières années de sa vie sacerdotale à leur service. Mais il a une autre passion, celle du kayak et du basket-ball, celle du judo et de sa philosophie : car s'il est prêtre catholique, il possède entre autres une maîtrise en éducation physique et sportive. Il est actuellement étudiant en doctorat de théologie à la Faculté de théologie et de sciences des religions de l'Université de Montréal. [jean.marc.barreau@umontreal.ca]

André A. Lafrance

André-A. Lafrance est un «homme de com». Avec des études de premier cycle en sciences religieuses et en histoire, de maîtrise en éducation et de doctorat en théâtre, il s'est intéressé aux communications. Il est, depuis plus de 20 ans, professeur au Département de communication où il s'intéresse plus particulièrement aux communications organisationnelles. Et quand on parle de «L'Organisation», on pense forcément aux Canadiens... [andre-a.lafrance@umontreal.ca]

Benoît Melançon
Tout le monde sait que les meilleurs textes littéraires sur le sport portent sur le baseball. La production québécoise en ce domaine étant un brin limitée, Benoît Melançon a préféré étudier les textes sur le hockey, mais toujours en les rapportant à l'ensemble des discours qui les environnent. Cela a donné *Les yeux de Maurice Richard : une histoire culturelle* (2006 et 2008). Benoît Melançon est directeur du Département des littératures de langue française de l'Université de Montréal et directeur scientifiques des Presses de cette université. [benoit.melancon@umontreal.ca]

Alain Pronkin
Alain Pronkin a découvert le hockey dans le sous-sol de l'école Notre-Dame-des-Neiges dans les années 1960, alors qu'il fut repêché pour garder les buts de son équipe atome. Malheureusement pour lui, sa mère lui achetait toujours un équipement des *Maple Leafs* de Toronto et à son frère, celui du CH. Malgré ce handicap d'identification à la collectivité, il a donné bénévolement de son temps à entraîner les jeunes de Saint-Hubert au hockey, baseball, ringuette et soccer durant de nombreuses années. Il rédige actuellement son mémoire de maîtrise à la fFaculté de théologie et de sciences des religions à l'Université de Montréal. [alain.pronkin@sympatico.ca]

Denise Couture
Parce qu'elle se passionne pour le hockey et puisqu'elle est la mère d'un passionné de hockey, Denise Couture est la preuve vivante que le hockey n'est pas qu'une affaire d'hommes. Théologienne féministe, engagée dans l'interspiritualité, enseignante de théologie et d'éthique à la Faculté de théologie et de sciences des religions de l'Université de Montréal, elle trouve encore le temps de suivre les parties du Canadiens. [denise.couture.2@umontreal.ca]

Table des matières

L'intérieur de ce livre a été imprimé au Québec en janvier 2009
sur du papier entièrement recyclé
sur les presses de l'imprimerie Gauvin.